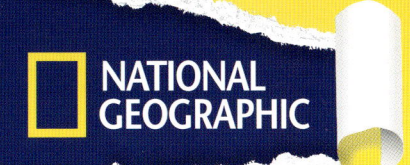

FÜR ELTERN VERBOTEN!

AUSTRALIEN
Der cool verrückte Reiseführer

Janine Scott

Peter Rees

INHALT

ICH KOMM WIEDER!

IRGENDWANN WIRD'S MIR HIER ZU BUNT!

HMM, EINEN HAI HAB ICH NOCH NIE GEBISSEN ...

EWIG DIESER WIND ... ICH MACH 'NE FLATTER!

STEHEN MIR MEINE DRITTEN?

DIESES BUCH IST GOLD WERT!

ICH WÜRD MICH GERN MAL AN DER NASE KRATZEN ...

FÜR ELTERN VERBOTEN!

DIES IST KEIN NORMALER REISEFÜHRER.

Und er ist definitiv für Eltern verboten.

DIES IST DIE WAHRE GESCHICHTE über

eines der aufregendsten Länder der Welt – Australien. In diesem Buch wirst

du faszinierende Geschichten über **Haie und ihre Zähne**,

gigantische Felsen und bissige Krokos lesen, über **Busch-Bösewichte**

und jede Menge Forschungsreisende.

Entdecke coole Storys über **Untergrund-Hotels**, einen berühmten

Kleiderbügel, ein pfeilschnelles Pferd und ein knüppelhartes Rennen. Du wirst

fliegende Ärzte und Fruchtfliegen, **fleischfressende Spinnen** und

einige diebische Sträflinge kennenlernen.

Dieses Buch zeigt dir ein **AUSTRALIEN**, von dem deine Eltern

wahrscheinlich noch nie gehört haben.

EIN RIESIGES LAND

In Australien ist alles ziemlich groß. Es gibt große Krokos mit großen Zähnen und große Kängurus mit großen Beuteln. Es gibt riesige Riffe, hohe Felsen und extreme Entfernungen. Und wenn du dich auf eine große Tour begibst, siehst du vielleicht Big Banana, Big Koala und Big Orange. Australien besteht aus sechs Bundesstaaten und zwei Territorien, und alle sind großartig und GROSS!

Große Krokos

Das Northern Territory ist die Heimat der größten Krokodile, doch keines ist größer als die 8 m hohe Statue Big Boxing Crocodile in Humpty Doo!

Großes Loch

Ein großer Meteorit hinterließ in der Region Kimberley in Western Australia einen gewaltigen Krater. Es war 1947 ein großes Ereignis, als der Wolfe Creek Crater mit 875 m Durchmesser bei einer Luftbildvermessung entdeckt wurde.

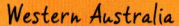

Western Australia

Große Düne

In der roten Mitte des Landes wartet der große rote Felsen Uluru, aber auch eine große Sanddüne namens Big Red. Auf ihr kannst du sogar Golf spielen.

Großer Wurf

Wenn du einen Bumerang von Westen nach Osten über Australien werfen könntest, würde er eine Distanz von beinahe 4000 km zurücklegen.

INDISCHER OZEAN

Große Schritte

Ein Emu ist ein großer Vogel, der einen 2,70-m-Satz nach vorn machen kann – aber nicht einen Schritt rückwärts!

Große Strecke

Bei der weltweit größten täglichen Postbotentour fliegt der Briefträger von Cairns nach Cape York. Das dauert ganze neun Stunden, und unterwegs legt er zehn große Stopps ein.

KORALLENMEER

Northern Territory

Queensland

Großes Meer

Stell dir ein Postamt mitten im Ozean vor! Am Great Barrier Reef, das mit 2010 km Länge weltweit die größte Ansammlung von Korallenbänken ist, gibt's Australiens einzige schwimmende Postfiliale.

New South Wales

Große Fahrt

Catherine Gregson war 1937 die erste Frau, die den großen Kontinent mit einem Auto umfuhr. Ihre Mutter begleitete sie auf der sechsmonatigen Reise. Das war eine große Hilfe!

South Australia

★Australian Capital Territory

Victoria

Große Grenze

Der Dingozaun ist der größte Zaun der Welt. Er erstreckt sich über 5615 km von South Australia bis Queensland.

TASMANSEE

Große Teufel

Die größte Population Tasmanischer Teufel lebt in Tasmanien. Das ist nämlich der einzige Ort, an dem sie überhaupt leben!

WAS NOCH?

Geschichten, Daten und Fakten zu Australien ★ www.australien-info.de/fakten.html

ERSTE EINWANDERER

Die ersten Menschen, die vor 60 000 Jahren Australien besiedelten, kamen aus Südostasien. Damals war der Meeresspiegel niedriger und Australien ein Teil des Kontinents Sahul. Die groß gewachsenen Neuankömmlinge fragten sich wohl ziemlich schnell, worauf sie sich eingelassen hatten! Denn vor ihnen lag eine weite, menschenfeindliche Landschaft, voller Kreaturen, die wild entschlossen waren, sie zu stechen und zu beißen. Doch irgendwann passten sie sich den Bedingungen an und wurden erstklassige Jäger und Sammler – heute hüten sie die Geheimnisse dieses uralten Landes.

Ureinwohner Australiens sind die Aborigines und die Torres-Strait-Insulaner.

ICH KOMM NICHT WIEDER.

Killer-Kylie

Auf dem neuen Kontinent gab es überall seltsame und leckere Tiere. Eidechsen und Schlangen ließen sich mit List und Geduld fangen. Kängurus und Emus waren zu flink dafür, aber die Jäger hatten eine Geheimwaffe: das Kylie! Nein, nicht die australische Pop-Prinzessin – dieses Kylie war ein Killer-Wurfholz, das ein Känguru zur Strecke bringen konnte.

FLIEG, KYLIE!

Die Flagge der Ureinwohner

Die Flagge der Aborigines symbolisiert die enge Verbundenheit der Ureinwohner mit ihrem Land. Heute ist sie eine offizielle Flagge von Australien. Aber 1994 gab es viel Ärger, als Goldmedaillengewinnerin Cathy Freeman bei den Commonwealth Games damit posierte.

Die Urzeit ausgebuddelt

Australiens ältester Mensch wurde 1974 am Lake Mungo in New South Wales entdeckt. Der Mungo Man lebte vor etwa 42 000 Jahren. Anhand seiner Knochen schätzen Wissenschaftler seine Größe auf gigantische 1,96 m!

Brummpfeife

Das Australien der Ureinwohner hat eine unverkennbare Stimme – das Röhren des Didgeridoos. Das uralte Instrument wird aus hohlen Baumstämmen geschnitzt, aber auch aus PVC-Rohr kannst du ein annehmbares „Didge" basteln! Wer dem Brummen des Didgeridoos lauscht, kann die Klänge der Aborigine-Welt hören – vom Hüpfen des Kängurus bis zum Kichern des Kookaburras.

BINGO, ICH BIN EIN DINGO!

DU LIEBE ZEIT!

- ☆ Vor etwa 60 000 Jahren: erste Menschen in Australien
- ☆ Vor 42 000 Jahren: Der Mungo Man wird geboren.
- ☆ Vor 20 000 Jahren: älteste bekannte Felskunst in der Koonalda Cave
- ☆ Vor 5000 Jahren: Dingos kommen als Haustiere aus Asien.
- ☆ 1606: erster Kontakt mit Europäern
- ☆ Ende des 18. Jahrhunderts: Die Zahl der Ureinwohner liegt bei etwa 500 000, mit 500 Gruppen, die 300 Sprachen sprechen.
- ☆ Anfang des 20. Jahrhunderts: Weniger als 100 000 Ureinwohner leben in Australien.
- ☆ 2006: Die Zahl der Ureinwohner ist auf 517 000 gestiegen.

WAS NOCH?

Ein „Didge" basteln! ☆ www.helles-koepfchen.de/didgeridoo-bastelanleitung.html

RETTUNG NAHT

Wenn du heute einen Rettungsschwimmer in die Brandung flitzen siehst, ist das nicht zuletzt William Gocher zu verdanken. Der gute Mann war auf Krawall gebürstet, als er an einem Sonntagmittag im Jahr 1902 am Manly Beach in Sydney baden ging. Damals war Schwimmen bei Tageslicht streng verboten! Doch der aufmüpfige Mr. Gocher ging drei Sonntage hintereinander baden – und wurde schließlich verhaftet. Trotzdem war das der Anfang vom Ende des unsinnigen Gesetzes. Und wo Schwimmer sind, muss es auch mutige Menschen geben, die sie retten. So wurden fünf Jahre nach William Gochers Badeaufstand die ersten Wasserrettungsclubs der Welt gegründet.

WEN WIR NICHT SEHEN, KÖNNEN WIR NICHT RETTEN.

MENSCH STEUERMANN, MUSST DU IMMER SO 'NE WELLE MACHEN?

An der Angel
Heute eilen Motorboote über die Wellen, um Schwimmern zu helfen. Früher wurden Ertrinkende mit einer Schwimmweste gerettet, die an einem Stück Tau befestigt war. Erinnert ans Angeln, oder?

Kleine Lebensretter

Nippers ist ein Junior-Wasser-rettungsprogramm, bei dem Kinder zwischen 5 und 13 Jahren das Rettungsschwimmen lernen. Seit 1977 dürfen auch Mädchen mitmachen – bei den Nipperettes. Frauen durften erst 1980 aktive Mitglieder eines Clubs werden!

Flatternde Fahnen

Als Schwimmer solltest du besser nicht farbenblind sein! In manchen Ländern ist die Flagge, die gehisst wird, wenn ein Hai in Sicht ist, blau und lila. Blindfische werden da schnell zu Haifutter!

Zwischen den Flaggen

Schwimmer tun gut daran, zwischen den gelb-roten Flaggen zu schwimmen. Das ist der sicherste Teil des Strandes, der von Rettungsschwimmern bewacht wird. Allerdings hindert das Haie nicht daran, auch in diesem Bereich zu baden. Vorsicht, wenn zusätzlich eine rot-weiß-karierte Flagge erscheint und eine Sirene ertönt! Dann wurde ein Hai gesichtet.

> Der erste
> Wasserrettungsclub
> der Welt wurde
> 1907 am Bondi
> Beach in Sydney
> gegründet.

SEERETTERGARN

Sogar eine einfache Garnrolle half mit, Schwimmerleben zu retten. Lyster Ormsby vom Wasserrettungsclub am Bondi Beach war ein erfinderischer Lebensretter. Aus einer Garnrolle und zwei Haarnadeln baute er 1906 ein Modell der später verwendeten Rettungsspule. Bereits im Jahr darauf nutzte man große Spulen, um Schwimmer an Land zu ziehen.

ICH BIN HEUTE IRGENDWIE VOLL VON DER ROLLE.

Rettungsspule

WAS NOCH?

Website der australischen Wasserrettungsgesellschaft ✯ www.sls.com.au

DIE KLEIDERBÜGELBRÜCKE

John Job Crew Bradfield war ein kleiner Mann, der lieber klotzte als kleckerte. Der „Vater" der Sydney Harbour Bridge bewies unglaublich viel Weitblick, als er eine Brücke mit sechs Fahrspuren, vier Bahnlinien und zwei breiten Gehwegen plante. Als die Brücke 1932 fertiggestellt wurde, waren viele Leute noch mit Pferd und Wagen unterwegs! Aber nicht einmal Bradfield hätte vorhersagen können, dass einmal 250 000 Fahrzeuge täglich den „Kleiderbügel" überqueren würden.

ICH FINDE NICHT, DASS SIE WIE EIN KLEIDER-BÜGEL AUSSIEHT.

John Job Crew Bradfield

KEIN ÜBLER AUF-TRITT, WENN DU MICH FRAGST!

Captain Francis De Groot

Niet- und nagelfest
Sechs Millionen Nieten halten die Brücke zusammen. Gegen Ende der Bauzeit bestanden Qualitäts-prüfer darauf, dass 101 559 Nieten entfernt und erneuert werden. Was für eine Arbeit!

HELD DER ARBEIT

1930 überlebte ein glücklicher Arbeiter, Vincent Kelly, dank seiner Fähigkeiten, die er als Taucher gelernt hatte, einen 52-m-Sturz vom Brücken-bogen. Für diese Heldentat wurde er zum „Kesselschmied des Jahres" erklärt und ihm wurde eine goldene Uhr und eine Medaille überreicht. Manche sagen, das war nicht sein einziges Souvenir – Kelly soll seit dem Unfall gestottert haben!

Der Bandräuber
Die Brückeneröffnung wurde am 19. März 1932 mit großem Trara gefeiert. Captain Francis De Groot ritt auf einem Pferd ein, zog sein Schwert, durchtrennte das Band und erklärte die Brücke für eröffnet. Es gab nur ein kleines Problem: De Groot hatte dort gar nichts zu suchen. Er wurde weggeschafft und verurteilt. Das Band wurde später er-neuert und noch einmal zerschnitten!

WIR BRINGEN WAS AUF DIE WAAGE!

Brückenkletterer in Sydney

Drunter, drüber und drauf

Boote und Schiffe fahren täglich unter der Brücke hindurch. 1943 flogen sogar ein paar Flieger der Luftwaffe darunter durch! Ein Pilot entschied sich in der letzten Minute, doch oben drüber zu fliegen, und hätte es beinahe nicht geschafft. Heute kannst du bis ganz oben auf den Bogen klettern.

Auf allen Vieren

Autos, Laster, Busse, Taxis und Züge flitzen über die Brücke. Aber in der Anfangszeit hatte nicht alles, was sie überquerte, Räder. Schafe und Schweine durften für einen Penny pro Kopf über die Brücke. Pferde und Kühe kosteten zwei Pence. Im April 1932 spazierten sechs Elefanten für je zwei Pence hinüber!

WAS NOCH?

Arctic Ocean

Die „Surrey"

ICH KANN DIE SEE NICHT MEHR SEHEN!

Geisterschiff

1814 breitete sich das Fleckfieber auf der „Surrey" aus und tötete 36 Sträflinge. Auch der Kapitän fiel der Krankheit zum Opfer. Ein Freiwilliger von einem anderen Schiff steuerte die „Surrey" in den Hafen.

GEFANGEN AUF SEE

Wenn sie nicht gerade außergewöhnlich clever waren, fanden sich englische Verbrecher Ende des 18. Jahrhunderts ziemlich schnell in den Armen des Gesetzes wieder. Aber da die Gefängnisse überfüllt waren, blieb nur eins: Sie wurden auf ein Sträflingsschiff nach Australien verfrachtet! Auf diesen Schiffen ging es ganz und gar nicht seemännisch zu. Es war dunkel, feucht und stank fürchterlich. Die Sträflinge konnten sich nicht waschen und viele wurden schrecklich seekrank.

Die First Fleet, Sydney Cove, 27. Januar 1788

Vergissmeinnicht

Die Verurteilten verbrachten oft Monate und manchmal sogar Jahre auf Sträflingsschiffen (*hulks* genannt), bevor sie in See stachen. Damit ihre Lieben sie nicht vergaßen, ritzten manche Sträflinge Botschaften in Kupfermünzen. Diese Liebesbeweise wurden *leaden hearts* (bleierne Herzen) genannt.

WAR ES NICHT DIE GIER NACH MÜNZEN, DIE DICH HIERHER BRACHTE?

Die Abfahrt der First Fleet wurde viermal verschoben. Sie verließ England sieben Monate später.

Schlüssel versenkt

Die Kerkertüren unter Deck wurden stets fest verrammelt. 1822 ging ein zweiter Offizier der *Eliza* über Bord. Kurz zuvor hatte er das Verließ abgeschlossen. Leider hatte er den einzigen Satz Schlüssel bei sich! Um die Türen zu öffnen, mussten die Schlösser geknackt werden.

DIE STRÄFLINGSKOLONNE

Die Schiffe der First Fleet („Erste Flotte") beförderten Sträflinge von England nach Australien. Ingesamt stachen am 13. Mai 1787 sechs Sträflingsschiffe, drei Vorratsschiffe und zwei Kriegsschiffe in See. Während der Reise, die acht Monate und eine Woche dauerte, gab es jede Menge Zwischenfälle auf hoher See.

1. **„Scarborough"** – 208 männliche Sträflinge; nach zwei Wochen auf See versuchten die Sträflinge, das Schiff zu kapern.

2. **„Friendship"** – 76 männliche, 21 weibliche Sträflinge; das Schiff war weniger freundlich als sein Name klingt – Schlägereien waren üblich, sogar unter Offizieren und Ärzten.

3. **„Prince of Wales"** – 49 weibliche Sträflinge, ein männlicher Sträfling; starke Winde zerfetzten die Segel und das Schiff kollidierte sogar mit der „Friendship".

4. **„Charlotte"** – 88 männliche, 20 weibliche Sträflinge; das langsame Schiff musste die erste Woche geschleppt werden.

5. **„Alexander"** – 195 männliche Sträflinge; Sträflinge und Crew versuchten zu meutern.

6. **„Lady Penrhyn"** – 101 weibliche Sträflinge; einige benahmen sich nicht sehr damenhaft. Zur Strafe wurden ihnen die Haare abgeschnitten und die Köpfe rasiert.

Schwere Beine

Sträflinge wurden während der Reise oft mit Fußeisen gefesselt. Je schlimmer das Vergehen eines Sträflings, desto schwerer die Fußfessel. Da tanzte mit Sicherheit keiner aus der Reihe!

WAS NOCH?

Während der Überfahrt der First Fleet starben 23 Sträflinge.

HORRORZÄHNE

Haie mit furchterregenden Kauwerkzeugen treiben in den Riffen um ganz Australien ihr Unwesen. Und wenn ihre todbringenden Zähne abgenutzt sind oder in einem bedauernswerten Opfer steckenbleiben, steht schon die nächste Zahnreihe bereit, um Angst und Schrecken zu verbreiten!

Zähne zeigen

Wow, was für Hauer! Der Weiße Hai wird auf Englisch auch *white death* (weißer Tod) genannt. Kein Wunder, denn er hat etwa 240 rasiermesserscharfe Zähne mit gesägten Rändern.

Das ist der Knaller!

Stell dir vor, du müsstest beim Surfen ständig Granaten und Kugeln ausweichen! 1935 bat man die Menschen um Vorschläge, wie man Haiangriffe reduzieren könnte. Eine besonders verwegene Idee: die Haie mit Sprengstoff in die Luft zu jagen oder mit Maschinengewehren abzuknallen.

Es sterben mehr Menschen bei Surfunfällen als durch Angriffe von Haien.

Im Haifischbecken

Jede Menge Stahl bewahrt Käfigtaucher davor, zu einer Mahlzeit für Haie zu werden. Das ist nichts für schwache Nerven. Ein bisschen fühlt man sich dabei wie ein Tier im Zoo!

SCHON GEFRÜH-STÜCKT?

MMH, LECKER, TOURISTEN!

Gesägte Ränder

SPEZIAL-WERKZEUG

Verschiedene Haie haben unterschiedliche Zähne, je nachdem, was sie gern fressen. Einige Zähne eignen sich gut, um Krebse und Seeigel zu knacken. Manche sind glatt und rund zum Zermahlen der Nahrung. Andere können einfach nur gut zubeißen!

KLEINE HAIKUNDE

Was schwimmt wohl in der Shark Bay in Western Australia herum? Haie natürlich! Eine der hier lebenden Arten heißt Nervöser Hai. Weshalb der Hai nervös ist? Vielleicht wegen der merkwürdigen anderen Haie, mit denen er sein Revier teilt.

Von 1791 bis 2012 gab es in Australien 887 Angriffe von Haien; 215 waren tödlich.

WO IST DENN DIE ZAHNFEE, WENN MAN SIE MAL BRAUCHT?

Hammer!
Hammerhaie erledigen mit ihrem Hammer keine Heimwerkerarbeiten. Sie benutzen ihre abgeplatteten Köpfe, um ihre Beute festzuhalten, bevor sie reinbeißen.

Mit Haut und Haar
Im Coogee Aquarium spuckte 1935 ein Tigerhai einen Arm aus. Fingerabdrücke und ein Tatoo auf dem Arm brachten die Polizei auf die Spur eines Kleinganoven, der ins Meer geworfen worden war.

HIER LIEGT ABER EINE MENGE ZEUG RUM.

Tigerzähne
Tiger können beißen und Tigerhaie natürlich auch. Manchmal stehen auch Menschen auf der Speisekarte der Tigerhaie!

WAS NOCH?

Mehr über Haie ✶ www.helles-koepfchen.de/haie-raubtiere-der-meere.html

DER EISERNE RÄCHER

Ende des 19. Jahrhunderts machten Straßenräuber die Australier ganz schön nervös. Einmal soll sich sogar jemand vor Angst die ganze Nacht hinter einem Baum versteckt haben, weil er einen Knall gehört hatte. Dabei hatte sein Koch nur einen Topf fallen lassen! Auch die Polizei war unruhig, denn Ned Kelly trieb sein Unwesen. Der berüchtigte Bandit hatte Banken ausgeraubt und drei Polizisten ermordet. 1880 konnte die Polizei die bewaffnete und Rüstungen tragende Kellybande in Glenrowan schnappen. Drei Räuber kamen dabei ums Leben, darunter Neds Bruder Dan. Ned Kelly wurde verwundet. Als er später gehängt wurde, soll er gesagt haben: «So spielt das Leben!»

Ein Langer Brief

Im Februar 1879 verübte die Kellybande einen mehrtägigen Banküberfall in Jerilderie. Samstagabend sperrte sie zwei Polizisten in ihren eigenen Knast. Dann wartete sie, bis die Bank montags wieder öffnete. Am Sonntag las Ned Kelly der Frau des einen Polizisten seinen berühmten 7500-Worte-Brief vor. Er erklärte darin, dass er nur Gerechtigkeit für sich und seine Familie wollte.

> NEIN, ICH BIN KEIN BRIEFKASTEN!

Bauernrüstung
Die Rüstung der Kellybande bestand aus Einzelteilen von Pflügen. Neds Anzug war der schwerste und wog 44 kg. Wo sie die Pflugteile herhatten? Einige kauften sie, andere klauten sie und wieder andere bekamen sie von Bauern geschenkt.

Schatz oder Schrott?
Rüstung und Helme der Kellybande gelangten an vier verschiedene Orte, und sie gerieten im Laufe der Jahre immer wieder durcheinander. Nicht jeder hielt Ned Kellys Kram für etwas Besonderes. In den 1950er Jahren warf jemand Neds Flinte in den Müll, weil er dachte, sie sei Schrott!

Carrington

E. KELLY? NED IST DIE KURZFORM VON EDWARD.

V. R.
£8000 REWARD
ROBBERY and MURDER.

GETRENNTE WEGE

Ned wurde am 11. November 1880 im Melbourne Gaol (Zuchthaus) gehängt. Bei der Autopsie wurde sein Kopf abgetrennt. In den 1920er Jahren ging das Gerücht um, dass sein Schädel auf einem Polizeischreibtisch als Briefbeschwerer diente. 1978 wurde der Schädel aus dem Old Melbourne Gaol gestohlen. 2009 schließlich wurde ein Schädel mit der Aufschrift «E. Kelly», abgegeben, aber Forensiker kamen zu dem Schluss, dass es nicht Neds Kopf war.

Die Belohnung für Ned Kellys Festnahme wurde auf 67 Personen verteilt!

R.I.P. STEHT FÜR *REST IN PEACE* (RUHE IN FRIEDEN).

R.I.P.

Knochen und Kugeln
Bei der Autopsie steckten sich einige Leute Körperteile als Souvenir ein. Was übrig blieb, wurde in einem Massengrab auf dem Gefängnisgelände beerdigt. 2011 untersuchten Forscher die Knochen der 34 Skelette aus dem Grab und identifizierten Ned Kellys kopfloses Skelett.

WAS NOCH?

Neds Vater, „Red" Kelly, kam als Strafgefangener aus Irland nach Tasmanien.

DER ROTE RIESENFELS

Es gibt einen großen Felsen in Australien, der in der ganzen Welt berühmt ist. Der Uluru, ein beeindruckender Brocken aus rotem Fels, ist so gigantisch, dass man ihn eigentlich nicht übersehen kann, oder? Trotzdem fragte 2006 ein Mann, der nur 100 m entfernt war, einen vorbeifahrenden Polizisten nach dem Weg! Der Forscher Ernest Giles, der den Fels erstmals 1872 aus der Ferne sah, beschrieb ihn als «bemerkenswerten Stein». William Gosse nahm den Brocken später genauer unter die Lupe und nannte ihn Ayers Rock. Goose war 1873 auch der erste Europäer, der den Gipfel erklomm.

Der Uluru erhebt sich 345 m über die Wüste.

Klettern oder nicht klettern?

Die Ureinwohner Australiens bitten darum, nicht auf den Felsen zu klettern, weil er ihnen heilig ist, aber sie hindern auch niemanden daran. Leute mit Höhenangst bleiben sowieso besser unten – der Uluru ist so hoch wie ein 95-stöckiges Hochhaus!

WO IST NUR DIESER ULURU?

FARBENFROHER FELS

Der gigantische Fels mag sich in Millionen von Jahren wenig verändert haben, aber das Licht kann seine Farbe im Laufe eines Tages ändern. Bei Sonnenuntergang wechselt der Brocken vom berühmten Rot ins Orange oder Lila, bei Regen ins Silbergrau.

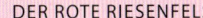

Drüber und drunter
Hast du schon mal von einem Eisberg in der Wüste gehört? Uluru ist einem Eisberg sehr ähnlich, weil der an der Oberfläche sichtbare Fels nur ein Drittel des gesamten Massivs ausmacht.

> WO ZUM TEUFEL SIND DIE AMEISEN HIN?

Dornteufel

Ameisenstraße
Menschen erscheinen neben dem turmhohen Felsen wie winzige Insekten. Und die Ureinwohner nennen die Touristen, die in Scharen kommen, um die Felsen der Region anzuschauen, treffend *minga* (Ameisen)!

Ein Ameisenteufel
Diese Echsen sind kleine Teufel, jedenfalls finden das all die Ameisen am Uluru. Dornteufel pirschen sich an Ameisenstraßen heran und schnappen sich die fleißigen Insekten, wenn sie vorbeimarschieren.

Uluru wie?
1993 wurde der offizielle Name in Ayers Rock/Uluru geändert. Seit 2002 lautet er Uluru/Ayers Rock. Gut, dass das mal geklärt wurde!

> DIESER FELS LÄSST MICH WIE EINE AMEISE AUSSEHEN!

WAS NOCH?

Der Uluru ist etwa 3,6 km lang und bis zu 2 km breit. Sein Umfang beträgt rund 10 km.

SCHOCKERKROKODILE!

Bei einem Campingtrip erwartet man aufdringliche Moskitos, aber
wer rechnet schon mit einem 3,50 m langen Killerkroko? Eine Familie,
die 2006 im Kakadu-Nationalpark zeltete, erlitt den Schock ihres Lebens,
als ein Krokodil versuchte, in ihr Zelt einzudringen. Das Tier war auch
schockiert und rannte völlig verdutzt gegen einen Baum. Damals zog
das Krokodil den Kürzeren. Doch oft geht es auch anders aus im Land
der Krokodile, wo die Reptilien Könige und gnadenlose Killer sind.
Diese Tiere attackieren alles, was sich bewegt, egal ob Menschen,
Boote oder Rasenmäher. Doch nicht alle Krokodilbegeg-
nungen nehmen so ein bissiges Ende!

MIST, ICH GLAUB
ICH HAB KEIN GUMMI-
BAND DABEI.

Krokodilstatue, Australia Zoo

Schön weit auf
Krokodile haben kräftige Muskeln, die ihre Kiefer mit unglaublicher Wucht
zuschnappen lassen, aber die Muskeln, die ihre Kiefer öffnen, sind schwach.
Mit einem Gummiband kann man deshalb ganz einfach ihr Maul zubinden.
Das ist erstaunlicherweise alles, was du brauchst, um vor ihnen sicher zu sein!

SALZWASSER ODER SÜSSWASSER?

Es gibt zwei Arten von Krokodilen in Australien:

Leistenkrokodil

Leistenkrokodil
✯ größtes Reptil der Welt
✯ brütet in der Regenzeit
✯ lebt in Süß- und Salzwasser
✯ kann bis zu 6 m lang werden
✯ aggressiv, greift Menschen an

Australienkrokodil
✯ brütet in der Trockenzeit
✯ lebt in Süß- oder Brackwasser
✯ kann bis zu 3 m lang werden
✯ scheu, hält sich von Menschen fern

Bitte recht freundlich
Putzen Krokodile ihre Zähne? Forscher in Australien untersuchen die Bakterien auf Krokodilzähnen, um bessere Antibiotika für Krokodilbisse herzustellen. Ein Schraubenzieher hält das Krokodilmaul während der Zahnbehandlung geöffnet – und hindert es daran, zuzubeißen!

> ICH LASS MIR NICHT SO GERN AUF DEN ZAHN FÜHLEN!

Tick-tack
Es klingt wie eine Geschichte aus einem Captain-Hook-Film, aber es könnte tatsächlich sein, dass irgendwo ein tickendes Krokodil herumschwimmt. 2004 attackierte ein Krokodil in Queensland ein elfjähriges Mädchen. Dank eines mutigen Retters überlebte das Mädchen den Angriff. Seine Uhr hatte weniger Glück. Sie blieb spurlos verschwunden!

Geschliffene Zähne
Im Dezember 2011 hatte Elvis, ein Krokodil im Australian Reptile Park nördlich von Sydney, schlechte Laune, als einer der Tierpfleger in seinem Gehege Rasen mähte. Also attackierte Elvis den Rasenmäher und zerrte ihn in seine Lagune. Elvis verlor zwei Zähne an den rotierenden Klingen und der Rasenmäher verlor seinen Job!

> ETWAS MEHR RESPEKT, BITTE!

Auf der Überholspur
Krokodile sind gute Schwimmer. Man sollte also nicht annehmen, dass sie in der Badeanstalt üben müssten. 2011 fand man ein kleines Australienkrokodil, das sich in ein Schwimmbad in Darwin verirrt hatte. Die Badenden hatten es gar nicht bemerkt. Das Kroko war sehr rücksichtsvoll. Es schwamm in seiner eigenen Bahn!

> MIT DIESEN FREIZEITSCHWIMMERN KANN ICH ALLEMAL MITHALTEN!

WAS NOCH?

Die Heimat von Elvis, dem Krokodil ✯ www.reptilepark.com.au

LAND DER FARMER

Ob es vernünftig ist, bei Temperaturen über 35° C einen Wollmantel zu tragen? Nun ja, die Millionen Schafe in Australien finden es wahrscheinlich nicht so toll, aber sie meckern auch nicht drüber. Und es sind ja nicht nur die Schafe, die auf den Weiden die Hitze ertragen müssen! Auch Kühe haben damit zu kämpfen. Zum Glück haben die Farmer Wege gefunden, mit den Launen des Wetters umzugehen. Das ist aber nicht immer einfach in Gegenden, wo die Sonne im Sommer so sehr brennt, dass Reifen platzen können.

SCHER DICH NICHT DRUM, SO GEHT DAS JEDEN SOMMER!

Die Riesenranch
Die Ranch Anna Creek in South Australia ist so riesig wie ein ganzes Land! Sie ist die größte Rinderfarm der Welt und erstreckt sich über eine Fläche so groß wie Belgien.

KLETTER ICH DRUNTER DURCH ODER TRET ICH IHN EINFACH UM?

FARM-ALARM!

In Australien werden einige Wildtiere auf Farmen gehalten – was ziemlich aufregend sein kann.

Aus dem Ei gepellt
Krokodile zu züchten, ist nichts für schwache Nerven. Weibliche Krokodile legen in der Nistzeit etwa 50 Eier. Sie einzusammeln zählt zu den gefährlichsten Aufgaben auf der Farm!

Zaunkönig
Ein Emu ist ein großer flugunfähiger Vogel, ein Tier also, das du eigentlich leicht einsperren kannst, weil es nicht davonfliegt. Aber Vorsicht! Mit seinen starken Beinen kann der Vogel einen Zaun niedertreten!

Verdorrtes Land

„Big Dry" nannte man eine ganz besonders schlimme Dürre. Sie betraf Südostaustralien und dauerte zehn Jahre bis 2010. Zusätzlich hatten einige Farmer mit der schlimmsten Heuschreckenplage seit 30 Jahren zu kämpfen!

Eine große Ranch wird in Australien *station* genannt.

ICH WOLLTE IM-MER EIN SCHWARZES SCHAF SEIN.

Ein Cowboy heißt *jackaroo*. Ein Cowgirl *jillaroo*.

Milchsitter

Um in Dürrejahren zu überleben, „parken" manche Farmer ihre Kühe, das heißt, sie leihen sie einem anderen Farmer, der sich dann um sie kümmert. Der einzige Nachteil daran ist, dass der andere Farmer sich auch um die Milch „kümmern" darf!

Kühlende Wolle?

Australien ist der trockenste bewohnte Kontinent der Erde. Erstaunlicherweise bietet die Wolle den Schafen Schutz vor extremer Kälte *und* extremer Hitze. Trotzdem helfen Schafscherer den Schafen, die Hitze zu ertragen, wenn sie vor dem Sommer ihren Pelz stutzen!

WAS NOCH?

Mehr über Emus ✶ www.tierchenwelt.de/laufvoegel/134-emu.html

TUTU AUF DEM TELLER

Die Australier zettelten einen wahren Kuchenkrieg an, als sie die Pavlova-Torte zu ihrer Erfindung erklärten. Nachbar Neuseeland war sich sicher, 1929 die tolle Torte zuerst zusammengerührt zu haben! Aber über eines war man sich einig: Die Leckerei aus Baiser, Sahne und Früchten ist nach der russischen Ballerina Anna Pawlowa benannt, die beim Tanzen so leicht wie Luft wirkte. Und es gibt noch mehr australische Küchengeschichten – über Kriegsproviant, Küchentische und Kochpannen –, aus denen herrliche Happen entstanden sind.

> DIE TORTE HAT DIE LEUTE WOHL AN MEIN TUTU ERINNERT.

Anna Pawlowa 1929

> FÜR DIESE KEKSE ZIEHEN WIR IN JEDE SCHLACHT!

Panzer-Cracker
Australien und Neuseeland streiten sich auch um Anzac Biscuits. Die wurden zunächst an die Truppen geschickt, die im Ersten Weltkrieg kämpften. Anzac steht für „Australian and New Zealand Army Corps". Doch egal, wer sie zuerst gebacken hat – alle waren sich einig, dass sie viel besser schmeckten als die üblichen Kekse. Die waren nämlich meist so hart, dass manche Soldaten Bilderrahmen aus ihnen machten!

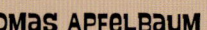

OMAS APFELBAUM
Viele Leute lieben Granny-Smith-Äpfel, und die haben sie Mrs. Maria Smith, auch als Granny Smith bekannt, zu verdanken. Es heißt, sie habe 1868 ein paar vergammelte Wildäpfel weggeworfen, und seltsamerweise schlug daraufhin ein Apfelsämling einer neuen Sorte Wurzeln. Leider konnte sie die Früchte ihrer Arbeit nicht mehr genießen. Sie starb, bevor die Äpfel groß rauskamen.

MAHLZEIT!
Das Wort *tucker* bedeutet in Australien „Essen". In *tucker boxes* wandert jede Menge australisches Essen – nicht nur Pausenbrote.

Das Wort *bikkie* ist australischer Slang für *biscuit* (Keks).

Beliebte Paste

1922 erfand ein australischer Chemiker namens Dr. Cyril P. Callister den australischen Brotaufstrich Vegemite. Mit dem typischen Aufdruck «Rein pflanzlicher Extrakt» eroberte das Vegemite-Glas die Küchentische des Kontinents. Heute wird Vegemite sogar in Behältern verkauft, die aussehen wie Zahnpastatuben.

Undankbarer Namensgeber

Lamington-Konfekt soll dank der Ungeschicklichkeit eines Küchenmädchens entstanden sein. Die Biskuitteilchen, die in Schokolade und Kokosraspeln getunkt werden, sind nach Lord Lamington benannt, der von 1896 bis 1901 Gouverneur von Queensland war. Er selbst bezeichnete sie als «puschelige, fusselige Kekse».

VEGEMITE

Lamington

HEY, GUCK MAL, JETZT MACHEN SIE SCHON SCHWARZE ZAHNPASTA!

Pavlova

WAS NOCH?

1923 wurde für den Brotaufstrich per Wettbewerb der Name „Vegemite" ermittelt.

DAS 10-£-TICKET

In den 1960er Jahren konnten Briten unter 45 Jahren für nur 10 £ nach Australien auswandern, und Kinder durften sogar kostenlos mit! Als das Programm „Ten Pound Pom" 1947 startete, wollten 400 000 Personen ein 10-£-Ticket haben. Die Briten sehnten sich danach, Regen und Rationierung hinter sich zu lassen und ein neues Leben im sonnigen Surferparadies zu beginnen. Die Australier glaubten damals, sie müssten um jeden Preis ihr karges Land bevölkern.

Auf nach Australien, 1947

GEFANGENE, GEMÜSE ODER GRANATÄPFEL

Es gibt unterschiedliche Theorien darüber, woher der Begriff „Pom" stammt:

Pom ist die Kurzform für „Prisoner of Mother England" und meint die Sträflinge, die von 1787 bis 1868 nach Australien transportiert wurden.

Australische Soldaten nannten die britischen Truppen im Zweiten Weltkrieg „Poms", weil die Briten ein Instant-Kartoffelpüree namens „Pom" aßen.

Als die Ten Pound Poms ankamen, färbte die sengende Sonne ihre blassen Wangen rosig, sodass sie wie *pomegranates* (Granatäpfel) aussahen.

> BUCHSTABIERE „IMIGRACIJSKI ZAKON".

Die Feuerprobe bestehen

In den 1950er Jahren mussten Erwachsene einen medizinischen Test bestehen, um sich für das Programm „Ten Pound Pom" zu qualifizieren. 1901 mussten Einwanderer noch 50 Wörter richtig aufschreiben, die ein Beamter ihnen diktierte. Klingt einfach, aber der Beamte durfte die Wörter aus irgendeiner Sprache auswählen!

Rotrücken-
spinne

WO IST SPIDERMAN, WENN MAN IHN MAL BRAUCHT?

Luftiger Lokus

Die Ten Pound Poms fanden ein paar Dinge in Australien ziemlich seltsam. Viele von ihnen hatten zuhause schöne Spülklosetts. Stell dir ihre Gesichter vor, als sie den australischen Lokus sahen, der meist nur ein einfaches Plumpsklo im Garten war. Auch giftige Spinnen und Schlangen suchten diesen Donnerbalken gerne auf!

Kampf gegen die Hitze

Die Ten Pound Poms hätten nach ihrer Ankunft elendiglich zugrunde gehen können. Denn sie wurden in Blechcontainern untergebracht, die sich im Sommer so sehr aufheizten, dass sie mit Wasser gekühlt werden mussten. Manche sagten, es sei wie in einem Straflager gewesen.

DIE MACHEN UNS HIER DIE HÖLLE HEISS!

Hin und zurück

Wirfst du einen Bumerang, so kommt er zurück. Die Ten Pound Poms, die Australien Richtung Heimat verließen und dann wieder zurückkehrten, wurden deshalb „Boomerang Poms" genannt. Es gab auch „Ping-Pong Poms", die immer wieder zwischen Australien und Zuhause hin- und herreisten. Die Armen hatten wohl ständig Heimweh!

Wer innerhalb von zwei Jahren nach der Ankunft in Australien nach Hause fuhr, musste 110 £ zurückzahlen.

WAS NOCH?

Berühmte Ten Pound Poms ☆ tenpoundpom.com/famous-poms.php

HOPSER & BOXER

Kängurus leben auf großem Fuß. Sie nutzen ihre Hinterfüße zum Hüpfen, Springen und sogar zum Boxen! Kein Wunder, dass auch ihr Name so viel wie „Große Füße" bedeutet. Männliche Kängurus werden zu Buschboxern, wenn sie ausfechten, wer der Stärkste und Mutigste ist. Ein Boxkampf beginnt damit, dass sich die Tiere mit den Vorderpfoten packen und dann mit ihren langen schwarzen Hinterfüßen zutreten. Boxende Kängurus sind zu einem Symbol für den Kampfgeist der Australier, besonders der australischen Sportler, geworden.

Unerschrockene Oma

2011 zeigte eine 94-Jährige in Queensland Kampfgeist. Ein rüpelhaftes Rotes Riesenkänguru hatte beschlossen, den Kampf mit ihr aufzunehmen, während sie die Wäsche aufhängte. Zum Glück konnte die Frau sich mit einem Besen bewaffnen. Sie versuchte, das Tier zu verjagen, indem sie ihm eins überzog. Als das nicht gelang, robbte sie in Sicherheit!

SCHNELL HIER DRINNEN VERSTECKEN!

Australiens Fußballnationalmannschaft heißt „the Socceroos".

1 ABGECHECKT

Es gibt 61 Arten in der Känguru-familie, aber das größte von allen ist das Rote Riesenkänguru.

Hier ein paar Fakten:

- ✴ größtes lebendes Beuteltier
- ✴ Männchen etwa 1,80 m groß
- ✴ Hinterfüße bis 45 cm lang
- ✴ Schwanz bis 90 cm lang
- ✴ kann über 8 m weit springen
- ✴ Babys bei Geburt bonbongroß

ICH WILL HOPSEN, NICHT BOXEN.

Ruhe im Ring

Ein Känguru landete 1891 tatsäch-lich im Boxring. Mrs. Olivia Mayne kaufte „Fighting Jack" für 1 £ und brachte ihm das Boxen bei. Aber sie hatte nur Ärger mit dem Tier. Jack hatte nämlich keine Lust zu kämpfen – und die Veranstalter wollten ihr keine Gage zahlen!

SPORTSGEIST

Bei jedem australischen Sport-ereignis sind massenweise Kän-gurus zu sehen: riesige aufblas-bare Kängurus, Stoffkängurus auf Mützen oder sogar als Känguru verkleidete Fans. Eines der wich-tigsten australischen Kängurus von allen ist ein boxendes Känguru namens BK. Es ist Australiens offizielles Olympia-Maskottchen.

Kängurus im Krieg

Während des Zweiten Weltkriegs (1939–45) malte die australische Luftwaffe Kängurus auf ihre Flug-zeuge. Wenn ein australischer Pilot ein feindliches Flugzeug außer Gefecht gesetzt hatte, wurde auf seinem Flugzeug ein Kreuz hinzu-gefügt.

WAS NOCH?

Beuteltiere ✴ www.planet-wissen.de/natur_technik/wildtiere/beuteltiere/index.jsp

MADE IN DOWN UNDER

Die Australier waren immer unendlich weit weg vom Rest der Welt. Das spornte sie an, in ihre Garagen zu gehen und Dinge, die sie benötigten, selbst zusammenzubasteln. Einer dieser Heimwerker war Lance Hill. 1945 baute er in seinem Garten aus fast nichts eine Wäschespinne. Seine Frau hatte ihn gebeten, eine Wäscheleine zu basteln, die ihrem Zitronenbaum nicht in die Quere kam. Genau das tat er, und seine Erfindung schlug ein wie eine Bombe! Die Metallbäume namens „Hills Hoists" verkauften sich wie verrückt!

Mehrzweckgerät

In jedem australischen Garten gibt es einen Gegenstand, mit dem alle Kinder gern spielen – den Hills Hoist! Dabei steht in der Gebrauchsanweisung der Wäschespinne drin, dass Kinder (und Haustiere!) nicht damit Karussell fahren sollen!

ZIEHT JETZT ENDLICH LEINE!

Wäschekönigin

1959 fand die Firma Hills, dass ihre Wäschespinne das perfekte Präsent für die Queen und ihre Mutter sei. Aber das brachte den Generalgouverneur Sir William Slim auf die Palme. Er hielt den Hills Hoist für kein geeignetes königliches Geschenk.

1974 hinterließ Wirbelsturm Tracy auf einem Grundstück nichts als die Wäschespinne.

ICH KOMME INS SCHLEUDERN!

GEISTESBLITZE IM GARTEN

Australische Hinterhöfe brummen nur so vor Kreativität und tollen Ideen.

Für jeden Anlass
Pkws mit Ladefläche (sogenannte *utes*) rollten erstmals 1934 auf australische Straßen – dank einer Farmerin. Sie hatte es satt, im Pick-up zur Kirche zu fahren und auszusehen wie frisch aus dem Schweinestall! Sie wollte ein Auto, das sie sonntags sauber zur Kirche und die Schweine montags zum Markt bringen konnte.

Rohr-Recyling
Der erste Hills Hoist wurde aus Metallrohren gebaut, die einmal Teil einer Unterwasserbarriere unter der Sydney Harbour Bridge waren. Die Barriere sollte feindliche U-Boote abhalten.

Graswurzel-Erfinder
1948 baute Lawrence Hall einen Spindel-Rasenmäher mit Stahlrahmen und Bootsmotor. Er war so schwer, dass Halls Sohn und sein Neffe ihn mit einem Seil ziehen mussten. Mervyn Victor Richardson, der Halls Mäher gesehen hatte, präsentierte vier Jahre später einen Leichtgewichtsmäher. Der Benzintank war eine Pfirsichdose. Er nannte seine Kreation Victa.

WAS NOCH?

Aussi-Erfindungen ☆ www.wirtschaftswetter.de/ausgabe81/erfinderaustralien.html

FOOTY

Wenn du glaubst, römische Gladia-
toren waren Haudegen, dann schau
dir mal die Stars des Australian
Football in ihren Muskelshirts an!
Australiens beliebtes Rasenspiel ist
ein wilder Mix aus Rugby, Basketball
und Ringen. Die Spiele sind span-
nend, die Zuschauerzahlen riesig
und der Konkurrenzkampf hart,
besonders in Victoria, dem Heimat-
staat dieses Sports. Und es spielen
nicht nur Männer. Football-
verrückte Frauen sind überall
in Australien aktiv dabei.

Haste mal 'n Mark?
Wenn ein Spieler einen
geschossenen Ball sauber
fängt, heißt das „Mark".
Besonders beliebt beim
Publikum sind die spekta-
kulären Marks aus großer
Höhe, auch *speckies*
genannt. Am Ende jeder
Saison wird das beste
Mark als „Mark of the
Year" ausgezeichnet.

VON HIER OBEN
KANN ICH DIE
OPER VON SYDNEY
SEHEN!

WIE IST DIE
AUSSICHT DA
OBEN?

Anstoß

Australian Football kommt aus Melbourne, Victoria. Es begann in den 1850er Jahren als Training, das die Cricket-Spieler in der Saisonpause fit halten sollte. Zuerst spielten 40 Mann in jedem Team auf einem 800 m langen Feld. Eine Partie dauerte drei Tage!

DIESE KISSENBEZÜGE SOLLTEN BLITZSCHNELL TROCKNEN!

Kein leichter Job

Die wild gestikulierenden Schiedsrichter mit ihren komischen weißen Kitteln sind ein unverkennbares Merkmal des Sports. Ein Unparteiischer mit dem unseligen Namen Ivor Crapp (*crap* = Scheiße) war zu seiner Zeit als „Prinz der Schiedsrichter" bekannt, wurde aber oft von wütenden Fans angegriffen.

FOOTY-FAKTEN

Das Spielfeld ist oval und hat an jedem Ende vier Torpfosten.

Jede Mannschaft hat 22 Spieler, es dürfen immer je 18 auf dem Feld sein.

Der Ball muss getreten oder mit der Faust geschlagen werden; Werfen ist verboten.

NA, SOLL'S HEUTE DER FINGER ODER DER FUSS SEIN?

Ein Spieler, der mit dem Ball läuft, muss ihn alle paar Meter prellen.

Ein Tor erzielt man, indem man den Ball zwischen die Torpfosten schießt.

Ciao, Finger!

Als Brett Backwells gebrochener Finger seine Karriere im Australian Football bedrohte, ließ er ihn kurzerhand amputieren. Und er gewann im folgenden Jahr die wichtigste Spielerauszeichnung von South Australia, die Magarey Medal!

Ein Schiedsrichter gibt den Ball ins Spiel zurück, indem er ihn rückwärts einwirft.

WAS NOCH?

Die Regeln des Australian Football ☆ www.aflg.de/old/16-0-regeln.html

(Sprechblase) OH NEIN! DAS WAR SEIN BESTES HEMD!

(Sprechblase) WAS FÜR EIN EIERKOPF.

MR. UND MRS. BUSHRANGER

Frederick Ward erhielt den Beinamen „Captain Thunderbolt" (Kapitän Donnerschlag), weil es einmal gewaltig blitzte und donnerte, als er an die Tür von ein paar Opfern pochte. Mrs. Thunderbolt, Mary Ann Bugg, soll ihrem Mann und einem Kumpel zur Flucht aus dem Gefängnis auf Cockatoo Island verholfen haben. 1870 traf es Captain Thunderbolt wie ein Blitz – er wurde von der Polizei erschossen!

Alles Essig

Dan „Mad Dog" Morgan hatte ständig Angst, man wolle ihn vergiften, und er stibitzte ausschließlich gekochte Eier, wenn er die Speisekammern anderer Leute plünderte. Nach seinem Tod wurde sein Kopf in einem Glas Essig eingelegt und an die Universität Melbourne geschickt!

Der tote Dan Morgan

Moonlite

Kreativ schreiben

George Scott, alias Captain Moonlite, wurde vom Priester zum Dieb, als er 1869 eine Bank ausraubte. Netterweise hinterließ er eine Notiz, aus der hervorging, dass der Bankdirektor, den er kannte, nicht am Raub beteiligt war. Seinen Räubernamen hat Scott einer Rechtschreibschwäche zu verdanken – er wollte wohl eigentlich mit „Moonlight" (Mondlicht) unterschreiben.

BUSCHBANDITEN

Wenn australische Verurteilte einst aus dem Knast aus-
brachen und in den Busch flüchteten, stand ihnen ein
hartes Leben bevor. Die Ausbrecher lebten von dem, was
das Land hergab, oder sie klauten wie die Raben. Doch
nicht alle diese sogenannten Bushranger waren Sträflinge. Einige junge Männer gingen auch freiwillig in den
Busch, weil sie dem harten Alltag entkommen wollten.
Bushranger waren meist verrückt oder einfach nur
Spitzbuben – und oft endete ihr Buschleben
im Kugelhagel der Polizei oder am Strick.

Ned Devine

Neds Pferdekutsche

**ICH HEISS
DOCH GAR
NICHT JACK!**

Kleine Killer

John Whitehead und seine
Räuberbande waren echte
Fießlinge. Sie zwangen
einen Polizeispitzel,
Schuhe voller Bulldog-
genameisen anzuziehen.
Der Mann starb eines
qualvollen Todes. Aber
auch mit Whitehead nahm
es kein gutes Ende. Er bat
seinen Räuberkumpel
Michael Howe, ihm den
Kopf abzuschlagen und
zu verstecken, bevor die
Soldaten ihn fassten.
Howe versteckte den Kopf
in einem Taschentuch!

**MIT MIR LEG
DICH BESSER
NICHT AN!**

Spaßvogel

Wo es Banditen gibt, sind
Postkutschen nicht weit! Ned
Devine war ein Kutscher, der für
seinen Humor bekannt war.
Einmal erzählte er seinen
Fahrgästen, er habe ein Känguru so
abgerichtet, dass es für ihn die Post austrage. Stell
dir die verdutzten Passagiere vor, als Ned einem
zufällig vorbeikommenden Känguru zurief: «Nichts
für dich dabei heute, Jack!»

**WAS
NOCH?**

Der Legende nach hat Captain Thunderbolt nie eine Schusswaffe benutzt!

KORALLENGARTEN

Captain James Cook war einer der ersten Europäer, die das Great Barrier Reef erblickten – aber er hätte wohl gern darauf verzichtet, denn sein Schiff lief hier am 11. Juni 1770 auf Grund! Wahrscheinlich hatte er auch nicht viel Zeit für die Schönheiten dieses Riffs, denn er musste Kanonen und anderen Ballast von Bord werfen, um sein Schiff wieder flottzumachen. Echt schade! Hätte die Mannschaft eine Pause eingelegt, hätte sie einige der buntesten Fische der Welt gesehen. Zum Glück kann man heute die Pracht in Ruhe von einem Glasbodenboot betrachten.

Blick von ganz oben
Als Astronauten erstmals das Weltall erkundeten, konnten sie das Great Barrier Reef von ihrem Raumschiff aus sehen. Es ist das größte lebende Gebilde auf unserem Planeten!

VON HIER HAT MAN EINEN SUPER AUSBLICK.

Laut und deutlich
Manche Tiere sieht *und* hört man. Der Knallkrebs ist klein, aber seine Schere erzeugt einen Mordskrach im Ozean. Wenn sie zuschnappt, ist das Geräusch lauter als ein Düsentriebwerk. Die Schockwelle, die dabei entsteht, betäubt seine Beute.

Etwa 30 Wracks liegen im Great Barrier Reef.

IST DAS EIN WÜRFEL ODER EINE QUALLE?

GEFÄHRLICHE SCHÖNHEIT

Vor manchen Geschöpfen im Great Barrier Reef solltest du dich vorsehen!

✮ Eine Berührung mit der giftigen Würfelqualle würdest du wohl nicht überleben. Halte Ausschau nach ihr – sie sieht aus wie ein Würfel.

✮ Der Blaugeringelte Krake packt seine Beute mit seinen acht Tentakeln und beißt dann zu. Also Achtung! Er ist bewaffnet und gefährlich!

Tote Koralle

Tote Tiere

Im Wasser haben Korallen leuchtende Farben wie Rot, Violett, Blau, Grün oder Gelb. Aber wenn du sie aus dem Wasser holst, sterben sie und werden weiß. Korallen-„Skelette" bilden Korallenriffe. Riffe sind also gewissermaßen Korallenfriedhöfe!

Manchmal schwimmen auch Krokodile im Great Barrier Reef!

BESETZT

Fragwürdiges Versteck

Die meisten Kreaturen im Riff wollen lieber nicht gesehen werden. Der Eingeweidefisch hat ein ungewöhnliches Versteck: Er sitzt im Hinterteil einer Seegurke! Und es kann noch schlimmer kommen für die arme Seegurke, denn der Eingeweidefisch lebt meist paarweise!

WAS NOCH?

Polypengärten ✮ www.mdr.de/lexi-tv/tierwelt/artikel20310.html

KNUFFIGE KOALAS

Koalas sind flauschige Pelztierchen, die ein sehr, sehr ruhiges Leben führen. Ihre Lieblingsbeschäftigung ist Schlafen, und wenn sie gerade nicht vor sich hin dösen, schlagen sie sich mit Blättern den Bauch voll. Doch Koalas sind nicht nur faul, sie sind auch wählerisch. Sie essen fast nur Eukalyptusblätter! Wenn sie also weit weg von den Eukalyptusbäumen ihrer Heimat Australien in einem Zoo leben, bekommen sie zweimal wöchentlich eine Expresslieferung mit frischen Zweigen. Kein schlechter Service!

> SCHADE, DASS ICH NICHT IM SCHLAF ESSEN KANN.

> ICH BIN ZWAR KEIN KOALAKÖTTEL, ABER WÄRE ICH NICHT AUCH EIN TOLLER OHRRING?

Dufter Ohrschmuck
Wie wär's mit Koalakötteln an den Ohren? Eine Firma hatte den verrückten Einfall, Koalahäufchen als Ohrringe anzubieten. Vielleicht ist die Idee gar nicht mal so schlecht: Koalaköttel duften manchmal nach Eukalyptus. Allerdings muss man sich mit dem Einsammeln beeilen, denn Koalajunge essen die Köttel ihrer Mütter!

> Koalas schlafen rund 20 Stunden am Tag.

Es ist verboten, Koalas als Haustiere zu halten.

DAS IST DIE LETZTE WARNUNG!

Lauwarme Lektion

Man kann ja nicht die ganze Zeit süß und knuffig sein! Um ihr Revier zu markieren, reiben die Männchen ihre Brust an Baumstämmen und hinterlassen dabei eine dunkle, klebrige Substanz. Es ist eine Koala-Visitenkarte, die bedeutet: «Verschwinde, Alter!» Um andere Tiere zu vergraulen, pinkeln Koalas sie auch einfach an!

LECKER-MÄULCHEN

Koalas sind Feinschmecker. Sie essen vor allem Blätter und junge Triebe des Eukalyptusbaums. Es gibt etwa 600 verschiedene Eukalyptus-Arten. Koalas essen die Blätter von etwa 120 davon, aber lecker finden sie nur etwa sechs!

Oh, Verzeihung!

Männliche Koalas schnarchen, wenn sie auf Brautschau gehen, und zwar, wenn sie wach sind! Während der Paarungszeit versuchen Männchen mit Rufen, die wie kräftiges Schnarchen klingen, Weibchen anzulocken. Die Darbietung wird meist zusätzlich mit Rülpsgeräuschen gekrönt. Wie attraktiv!

BEI DER PRODUKTION DIESER TASCHE KAM KEIN KOALA ZU SCHADEN.

Auf den Pelz gerückt

Manche Leute fanden Koalas so kuschelig, dass sie einen im Kleiderschrank haben wollten. 1927 wurden in Queensland in nur einem Monat etwa 800 000 Koalafelle gehandelt. Zum Glück schritt bald die Modepolizei ein. Seit 1937 ist es verboten, Koalas zu töten.

WAS NOCH?

Koalas ✴ www.planet-wissen.de/natur_technik/wildtiere/beuteltiere/koalas.jsp

STROLCHE AUF DEM ACKER

In den frühen Siedlerjahren war das Leben für die Sträflinge hart, und auch für normale Siedler war es kein Zuckerschlecken. Die Briten hatten zwar viele Vorräte auf ihren Schiffen mitgebracht, aber die reichten nicht lange. Als die Nahrungsmittel knapp wurden oder verrotteten, reduzierte Gouverneur Arthur Phillip die Essensrationen. Außerdem gab er den Sträflingen samstagnachmittags frei, damit sie ihre eigenen Nahrungsmittel anbauen konnten. Das Essen war so knapp, dass die Gäste des Gouverneurs zum Dinner ihr eigenes Brot mitbringen mussten!

Gouverneur Arthur Phillip

An alles gedacht?
Die First Fleet musste nicht nur Proviant für die Reise mitnehmen, sondern auch Material für die Gründung einer Kolonie nach der Ankunft in Australien. Zur Ladung gehörten 700 Hacken, 700 Schaufeln, 40 Schubkarren und vor allem 250 Taschentücher. Schließlich mussten die Sträflinge ziemlich oft weinen!

KRIMINELLE KIDS

Nicht alle Sträflinge waren erwachsen – zum Glück für die Siedler, denn die Kindersträflinge aßen weniger!

Mary Wade – 11 Jahre alt: Sie wurde zum Tod durch den Strang verurteilt, weil sie einer Achtjährigen Baumwollrock, Leinenhut und Leinenschal geraubt hatte. Glücklicherweise wurde Mary aber „nur" lebenslänglich nach Australien verbannt.

John Hudson – 12 Jahre alt: Weil er Schornsteinfeger war, hatte er Zugang zu den Häusern anderer Leute. Er stahl ein Leinenhemd, zwei Schürzen, fünf Seidenstrümpfe und eine Pistole. Er wurde zu sieben Jahren Australien verurteilt.

Sträflingsdiät
Die meisten Sträflinge hatten eher lange Finger als grüne Daumen. Und so gab es im ersten Jahr viele Missernten, und die Essensrationen mussten weiter gekürzt werden. Darüber grummelten die Soldaten genauso laut wie ihre Mägen. Sie bekamen dieselbe Menge wie Sträflinge.

Grüne Insel

Gouverneur Phillip legte auf seiner Insel im Hafen von Sydney einen Gemüsegarten an. Sie wurde bald Garden Island genannt.

Kein Schutzengel

1789 stach die „HMS Guardian" mit Vorräten für die neue Kolonie in See. Sie prallte jedoch gegen einen Eisberg. Um das Schiff vor dem Sinken zu bewahren, warf man Ladung, Waffen und Vieh über Bord. Aber die Besatzung rettete 9000 Liter Wein, um ihre Sorgen zu ertränken!

MÖCHTE JEMAND EIS IN SEINEN WEIN?

Stehlen oder sterben

Hunger war ein echtes Problem in den ersten Jahren, und der Diebstahl von Lebensmitteln auch. Ein Sträfling bekam 500 Peitschenhiebe, weil er einen Kürbis geklaut hatte. 1789 wurden sechs Soldaten gehängt, weil sie in staatlichen Lebensmittelläden gemopst hatten!

Ein Sträfling verschlang seine wöchentliche Essensration auf einmal – und starb am nächsten Tag.

Nix wie weg!

Cockatoo Island wurde 1839 als Gefängnisinsel eingerichtet. Die Insel ist nach dem riesigen Schwarm von Kakadus benannt, der dort lebte. Allerdings hauten die Vögel ab, sobald die Sträflinge ankamen. Eigentlich keine Überraschung, denn Sträflinge waren dafür bekannt, Wombats, Emus, Kängurus und Kakadus zu essen.

POLLY WILL EINEN CRACKER!

Der Gemüse-Gauner

Sträflinge bekamen kein frisches Gemüse oder Obst zugeteilt, also bediente John „Black" Caesar sich eben selbst. Als er gefasst wurde, nachdem er in den Busch geflüchtet war, musste er im Gemüsegarten auf Garden Island arbeiten. Ein echter Glücksfall für ihn!

WAS NOCH?

Website der Cockatoo Island in Sydney Harbour ☆ www.cockatooisland.gov.au

BUSCHFEUER

BEI FEUER
RISKIERE ICH KOPF
UND KRAGEN!

Australien ist der feuergefährlichste Kontinent der Welt. Stell dir vor: Bei einem Buschfeuer kann die Luft so heiß werden, dass Vögel und Fledermäuse einfach vom Himmel fallen! Viele Tiere finden bei so einem Flammeninferno den Tod. Aber für Überlebende gibt's Hoffnung und Hilfe, und die Australier lieben Geschichten von kleinen Überlebenskünstlern, die dem Feuer entkommen sind. Die besten Brandschutzmeister im Tierreich sind die Termiten. Ihre Hügel sind bestens isoliert und damit vor der sengenden Hitze geschützt – ganz schön raffiniert!

Vorsicht, Feuer!

Mit dem Bild der Kragenechse wird in Australien häufig vor Buschfeuern gewarnt. Nicht alle Feuer sind jedoch vermeidbar, weil sie oft auch auf natürliche Weise, z. B. von Blitzen, entfacht werden. Übrigens: Wenn eine Kragenechse ein Feuer überlebt, kann sie sich so richtig den Bauch vollschlagen! Denn ihre Beute (Insekten) kann sich dann nicht mehr verstecken.

Feuer bewegen sich meist schneller bergauf als bergab.

Durstlöscher

Mit Verbrennungen und viel Durst nahm der Koala „Sam" nach einem Feuer 2009 einen Schluck aus der Wasserflasche eines Feuerwehrmanns. Das Foto des tapferen Koalas ging um die ganze Welt.

Sam, der Koala

We like our lizards frilled NOT grilled

BUSHFIRES COUNCIL N.T.

WILLST DU DIR MEINEN BAU BORGEN?

Keimlinge wachsen sehr gut in der Asche.

Ab in den Bau!

Wombats haben den perfekten Feuerschutzraum. Sie verstecken sich in ihrer Höhle unter der Erde, bis die Flammen sich verzogen haben. Ihr Überlebenskampf beginnt meist, wenn die Flammen erloschen sind. Sie ernähren sich von Pflanzen wie Gräsern – und die mögen sie nicht gegrillt!

DICK-HÄUTER ZU HILFE

2012 schlug ein australischer Wissenschaftler einen drastischen Feuerplan vor. Er wollte Grasfresser wie Elefanten und Nashörner nach Australien einführen, die das feuergefährliche Gras fressen sollten. Ein anderer Forscher gab zu, dass Elefanten das Feuerrisiko senken könnten, aber es gab einen Nachteil – sie würden das Risiko für die Menschen erhöhen!

WAS NOCH?

Elefanten in Australien? ✶ www.zeit.de/wissen/umwelt/2012-02/elefanten-australien

Ophidiophobie ist die Angst vor Schlangen.

IIH! ICH HAB AUCH ANGST VOR SCHLANGEN!

Westliche Braunschlange

SCHLANGENPHOBIE

Viele Leute glauben, in Australien lauern überall Schlangen und andere furchteinflößende Reptilien. Und tatsächlich sind die zehn giftigsten Schlangen der Welt auf dem Roten Kontinent zu Hause. Die gute Nachricht ist aber, dass Schlangen meist zu sehr mit ihren eigenen Angelegenheiten beschäftigt sind, um Menschen zu belästigen. Und wenn sie doch beißen, sind Gegengifte zur Hand. Und die schlechte Nachricht? Es gibt noch kein Mittel gegen Schlangenphobie!

Schlechte Laune
In Australien gibt es eine alte Redewendung: *«as mad as a cut snake»* (wütend wie eine verletzte Schlange). Wer immer sie sich ausgedacht hat, muss an die Braunschlange gedacht haben. Braunschlangen sind Sieger in der Kategorie „Australiens reizbarstes Reptil". Wer sie stört, muss sehr, sehr schnell sein. Obwohl ihre Giftzähne winzig sind, töten Braunschlangen mehr Australier als jede andere Schlange.

Eine 9 m lange Schlange streifte vor etwa 4,5 Millionen Jahren durch Queensland.

TOP TEN DER TÖDLICHEN SCHLANGEN

1. Inlandtaipan
2. Östliche Braunschlange
3. Küstentaipan
4. Gewöhnliche Tigerotter
5. Schwarze Tigerotter
6. Schwarze Tigerotter (ja, es gibt zwei verschiedene Arten!)
7. Todesotter
8. Westliche Braunschlange
9. Gefleckte Braunschlange
10. Australischer Kupferkopf

Mäusemörder

Der Inlandtaipan genießt ein ruhiges Leben in der Wüste. Aber seine Giftzähne sind mit der mächtigsten Munition in der Schlangenwelt geladen. Ein Biss hat genug Gift, um eine Viertelmillion Mäuse ins Jenseits zu befördern. Etwas weniger hätte es auch getan!

Keine netten Nachbarn

2011 waren in den überfluteten Straßen von Rockhampton unzählige Schlangen unterwegs. Die Einwohner waren vom Hochwasser in ihren Häusern eingeschlossen und nicht so begeistert, als nasse Schlangen zum Trocknen hineinkletterten!

ZEIT ZUM MELKEN

Schlangengifte sind Giftcocktails, und jede Schlange hat ihr eigenes Spezialrezept. Wenn du gebissen wirst, brauchst du das richtige Gegengift. Um solche Gegengifte zu produzieren, werden Schlangen sorgfältig „gemolken". Das ist wie Kühe melken, nur dass die Schlangen-„Milch" dich töten kann!

HUCH, WAS SOLL DER QUATSCH!

Superschlange

Atomic Betty ist die größte Schlange Australiens. Als Betty etwas zu pummelig war, setzten ihre Zoowärter sie auf eine Radikaldiät. Die arme Betty durfte nur noch drei bis vier Ziegen im Jahr essen!

WAS NOCH?

Taipan & Co. ✮ www.australien-panorama.de/fakten/ausfauna_gefahr_schlangen.html

TRAUMZEIT

Australiens indigene Kultur beruht auf dem spirituellen Glauben und den Geschichten aus der „Traumzeit". Jeder Ort und seine Bewohner sind demzufolge anders „erträumt", aber alles hat seinen Ursprung in der Traumzeit, einer Schöpfungszeit, in der riesige Ahnenwesen die Welt und ihre Gesetze schufen. Sie formten die Landschaft und ließen Menschen und Tiere entstehen. Aborigines hatten keine Schriftsprache. Deshalb wurde das Erträumte durch Tanz, Musik und Kunst weitergegeben.

AHNENKUNDE

✳ **Baiame**, der Himmelsvater, kam auf die Erde hinab, um Berge und Wälder zu schaffen und die Menschen zu unterrichten.

✳ Baiames Frau war das Emu **Birrangulu** und ihr Sohn war **Daramulum**, der durch das wirbelnde Instrument, das Schwirrholz, spricht.

✳ Die **Regenbogenschlange** war eine Riesenschlange, die aus der Erde brach, um Flüsse und Bäche zu schaffen. Sie lebt in den tiefsten Wasserlöchern.

> COOLES GRAFFITI!

Traumzeit-Tapete
Es war 1891 und Joseph Bradshaw hatte sich übel verirrt. Er war eigentlich auf der Suche nach einem Grundstück, das er in der Region Kimberley in Western Australia gekauft hatte. Stattdessen fand er erstaunliche Bilder, die so alt wirkten wie die Felswände, auf die sie gemalt waren. Die Einheimischen nennen die Bilder „Gwion Gwion", nach dem Traumzeit-Wesen, das sie erschaffen hat.

Lieder der Wüste

„Traumpfade" sind die Routen, denen die Ahnenwesen auf ihren Reisen folgen. Orientierungspunkte und heilige Orte wurden in Liedern festgehalten. In einer Zeit, bevor es Navigationsgeräte gab, waren Liedtexte der sicherste Weg, um durch die Wüste zu kommen – solange man nicht die Wörter durcheinanderbrachte!

Devils Marbles, Northern Territory

Ausdruckstanz

Ein Corroboree ist eine Aborigine-Tanzparty. Bei diesen zeremoniellen Festen wird die Traumzeit für die folgende Generation gesungen und getanzt. Bei einem Corroboree den eigenen Vater tanzen zu sehen, ist also nicht peinlich, sondern sehr lehrreich!

> HUCH, ICH JAGE MIR SOGAR SELBST ANGST EIN!

Auf den Punkt gebracht

Aborigine-Malereien erzählen Geschichten vom Träumen, sorgfältig dargestellt mit Punkten und flächigen, stilisierten Formen. Kunstliebhaber finden die mystischen Meisterwerke formvollendet!

WAS NOCH?

VORSICHT VOR DEM BUNYIP

Die Aborigine-Mythologie erzählt von einer teuflischen Kreatur namens Bunyip, die in Flüssen und Sümpfen lauert. Niemand weiß genau, wie sie aussieht, aber das hält die Leute nicht davon ab zu behaupten, sie hätten sie gesehen. Manche nahmen an, dass das Moorwesen eine Art ausgestorbenes Riesenwombat wäre.

Mehr Infos ☆ www.australien-panorama.de/fakten/aborigines-traumzeit.html

KÖNiG CRiCKET

Australien und Cricket – das gehört zusammen wie Pech und Schwefel! Die Australier geraten völlig aus dem Häuschen, wenn ihre Nationalmannschaft wieder einmal siegreich ist. Aber wie beliebt die heutigen Cricket-Spieler auch sein mögen, der größte australische Cricket-Held ist und bleibt Sir Donald Bradman. Er war einer der besten Spieler aller Zeiten. Und wehe, wenn die englischen Cricket-Spieler ihn zu stoppen versuchten!

Alter Hut

Die berühmte grüne Schirmmütze, die *baggy green*, bekommt jeder Spieler, der zum ersten Mal in einem Länderspiel („Test") für die australische Nationalmannschaft spielt. Eine abgetragene Mütze ist Zeichen einer langen Spielerkarriere. Die hier gehörte Donald Bradman und wurde für 425 000 australische Dollar versteigert!

Sir Donald Bradman

Körpersprache

Das englische Team glaubte, eine Methode gefunden zu haben, Bradman auszuschalten. Die Spieler zielten mit voller Wucht auf Kopf und Körper von Bradman und seinen Teamkollegen. Mit dieser sogenannten Bodyline-Taktik gewann England 1932–33 den Ashes-Wettkampf, sorgte aber für so viel Proteste, dass die Regeln geändert wurden, um diese Taktik zu unterbinden.

Der Don

Der große australische Schlagmann *(batsman)* Sir Donald Bradman mischte in den 1930er und 1940er Jahren die Cricket-Welt auf. Als kleiner Junge brachte er sich selbst das Spielen bei, indem er einen Golfball mit einem Stab gegen einen Wassertank schlug.

BESTE FEiNDE

Die Rivalität zwischen Australien und England im Cricket ist uralt. Sie wird durch eine kleine Urne mit Asche symbolisiert. Niemand weiß, wo sie herkommt. Aber vielleicht enthält sie ja die Überreste von Englands Cricket-Ruhm, denn im Laufe der Jahre siegte Australien immer öfter über den alten Rivalen.

Supergirls!
Die Southern Stars sind die australische Frauenmannschaft. Sie haben mehr World Cups gewonnen als jede andere Mannschaft und sind echte Superstars!

SCHLUSS MIT LUSTIG! DIES IST EIN TEST!

WENN ICH DEN BALL NICHT KRIEG, LIEGT'S AN DEN HANDSCHUHEN.

Sportsgeist
Der ehemalige australische Mannschaftskapitän Mark Taylor hörte einmal auf zu schlagen, als er 334 *runs* (Punkte) hatte. Er wollte Bradmans Rekord nicht toppen!

WAS NOCH?

Lerne die Spielregeln! ☆ www.cricketregeln.de

BUSCHKÜCHE

Im legendären australischen Busch trotzten die Menschen den Elementen und bereiteten auf Lagerfeuern ihre Mahlzeiten. Der Busch ist oft sehr trocken und karg. Aber für Leute, die wissen, wo man suchen muss, ist er eine gut gefüllte Vorratskammer. Australier nennen das Essen aus der Wildnis *bush tucker*. Auf dem Speiseplan stehen Kängurus, Raupen, Warane und Buschbananen!

Wie man einen Kakadu kocht

Ein Witz über den zähen Rosakakadu: Pack einen Rosakakadu in einen Topf mit Wasser, Kräutern und drei Steinen. Lass das Ganze drei Stunden kochen. Wenn die Steine weich sind, schmeiß den Kakadu weg und iss die Steine!

ÜBERLEBEN IM BUSCH

An einem Wintermorgen 1864 gingen die Kinder Isaac, Jane und Frank Duff in den Busch, um Holz zu sammeln – und verschwanden spurlos. Mithilfe eingeborener Fährtensucher wurden sie neun Tage später lebend gefunden. Sie waren fast 100 km weit gelaufen, hatten sich von Beeren ernährt und Tau von Blättern getrunken.

DA MACH ICH 'NE FLIEGE!

Mach den Aussie-Gruß: Wedel mit deinen Händen wild um dich, um die Fliegen zu verscheuchen!

WER VON UNS SIEHT AM LECKERSTEN AUS?

Buschbaum

Aus den Blättern einiger Eukalyptus- oder Gummibäume wird Eukalyptusöl gewonnen. Es verleiht Hustenbonbons und Salben ihren besonderen Geschmack bzw. Geruch. Man kann auch Tee mit einem Gummiblatt aufkochen. Aber bloß keine Milch dazugeben!

Lecker, Larven!

Mmm, gibt es etwas Leckereres als saftige Larven, die sich auf dem Teller winden? Man kann sie gekocht oder roh essen. Sie sind sehr nahrhaft und schmecken – angeblich – wie Eier!

Spezialitätenküche
Manches Buschessen, wie Zitronenmyrte und Kängurufleisch, bekommt man sogar im Supermarkt und in Restaurants. Ameisenigel-Enchiladas sind dagegen seltener.

Raues Rennen

Die Sydney-Hobart-Segelregatta ist kein Zuckerschlecken – jedenfalls nicht für die Teilnehmer! Die Zuschauer verdrücken dagegen ganze Körbe voll mit übrig gebliebenen Leckereien vom Weihnachtsessen, wenn die Segelboote am zweiten Weihnachtstag im Hafen von Sydney starten. Der Gewinner des ersten Rennens 1945 erreichte das Ziel nach 6 Tagen, 14 Stunden und 22 Minuten. Die Segler haben leider keine Zeit, an einer Gänsekeule zu knabbern, denn die Regatta ist nur etwas für die wagemutigsten Segelfreaks!

Soloseglerin
An der Hochseeregatta nehmen nicht nur alte Seebären teil. Jessica Watson, die 2010 mit nur 16 Jahren allein um die Welt segelte, war 2011 mit dabei. Doch es war kein Kinderspiel – einmal flog ihr sogar ein fliegender Fisch ins Gesicht!

Die erste Frau, die die Ziellinie überfuhr, war Jane Tate im Jahr 1946.

Jessica Watson

Großes Geleit
Am Tag der Regatta ist viel los auf dem Ozean. Hunderte von Zuschauerbooten verabschieden die Teilnehmerjachten. 1971 fuhr sogar ein Auto ins Wasser. Zum Glück war es aber ein Amphibienfahrzeug, das nicht unterging!

Monsterwellen
Die Regatta ist voller Gefahren und wird auch «Hölle auf hoher See» genannt. 1998 gerieten die Teilnehmer in einen Sturm mit Wellen so hoch wie acht Stockwerke. Fünf Boote sanken und sechs Segler starben. Weitere 55 Segler konnten gerettet werden.

SYDNEY

Am ersten Rennen nahmen nur neun Boote teil.

BASS-STRASSE

IST DAS 'NE WELLE ODER 'NE WAL-FONTÄNE?

Bass-Straße
Die Meerenge der Bass-Straße ist unter Seglern berüchtigt. Die See kann sich hier schnell ändern: Im einen Moment ist sie völlig ruhig und spiegelglatt und im nächsten stürmisch und rau.

HOBART

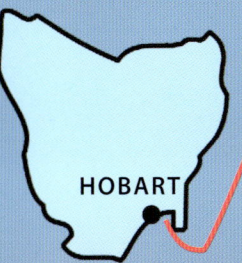

REKORDBRECHER

✶ **Engster Endspurt**
2001 fuhren innerhalb von nur 47 Minuten 6 Boote ins Ziel ein.

✶ **Langsamstes Boot**
Die *Wayfarer* brauchte für die Strecke 1945 11 Tage, 6 Stunden und 20 Minuten.

✶ **Schnellstes Boot**
Die *Wild Oats* erreichte 2005 eine Bestmarke von 1 Tag, 18 Stunden und 40 Minuten.

✶ **Ältester Skipper**
Der im Herzen jung gebliebene John Walker war 86, als er 2008 am Rennen teilnahm.

WAS NOCH?

WALTZING MATILDA

Viele Leute denken, im Lied „Waltzing Matilda" ginge es um ein Mädchen namens Matilda, das gern Walzer tanzt. Doch weit gefehlt! Diese berühmte Buschballade erzählt die tragische Geschichte eines Landstreichers *(swagman)*, der von drei berittenen Polizisten geschnappt wird, weil er ein Schaf gestohlen hat, und sich in ein Wasserloch stürzt und ertrinkt. Die Entstehungsgeschichte des Liedes beginnt mit dem Buschpoeten A. B. Paterson, aber Christina Macpherson war auch nicht ganz unbeteiligt.

Billy bringt's
Ein *billy* war einst der beste Kumpel eines *swagman*. Er war Kochtopf und Wasserkessel in einem. Kein Wunder also, dass der *swagman* in der ersten Liedstrophe auf seinen *billy* achtgibt.

AUCH MEIN BART IST EIN BUSCH!

ein *swag*

ein *billy*

Matilda zum Tee
1903 warb ein Teeunternehmen mit dem Lied „Waltzing Matilda" für sein Produkt „Billy-Tee". Die Melodie wurde etwas umgeschrieben und um jede Teepackung wurde ein Zettel mit dem Text gewickelt, der ebenfalls leicht abgeändert war. Welches Wort tauchte wohl häufiger als im Originaltext auf? „Billy" natürlich!

Oh there once was a swagman camped in the billabong,
Under the shade of a Coolabah tree;
And he sang as he looked at the old billy boiling,
Who'll come a-waltzing Matilda with me.

Originaltext

VOKABELN

billabong – Wasserloch
billy – Blechtopf für Tee
jumbuck – Schaf
swag – Schlafmatte; Beutel
  mit Habseligkeiten
swagman – Wanderarbeiter,
  Landstreicher
trooper – berittener Polizist
waltzing matilda – mit
  einem *swag* umherziehen

> DAS HAT EUCH MEIN PFERD GEFLÜSTERT.

Australischer Buschpoet

Die Buchstaben A. B. P. stehen nicht für „Australischer Busch-poet", sondern für Andrew Barton Paterson. Der Anwalt und Dichter gab sich den Künstlernamen „The Banjo". Ein Pferd seiner Familie hieß so! Für die meisten Australier ist er einfach Banjo Paterson.

„Waltzing Matilda" ist die heimliche Nationalhymne Australiens.

> HÄNDE HOCH!

Eine Skulptur der Revolver der drei Polizisten in Winton

Zither

Spiel's noch einmal, Chris!

Anfang 1895 klimperte Christina Macpherson die Melodie eines alten schottischen Marschlieds namens „Craigielee" auf der Zither. Sie saß dabei im Wohnzimmer ihres Familiensitzes Dagworth Station, nahe Winton in Queensland. Banjo Paterson war auch da (nein, er spielte nicht Banjo) und schrieb dazu die erste Strophe. So wurde ein schottisches Lied zur Busch-ballade. 1900 verkaufte Paterson die Rechte an dem Lied zum Schnäpp-chenpreis von fünf Pfund!

WAS NOCH?

„Waltzing Matilda" ☆ www.erlebnis-australien.info/wiki/Waltzing_Matilda

SPINNENALARM

Australier sind im Allgemeinen sehr herzlich und gastfreundlich. Es gibt aber auch ein paar kaltblütige Sonderlinge, die in dunklen Ecken lauern und nur darauf warten, zuzubeißen. Sie haben acht Beine und Mundwerkzeuge voller Gift! Australien ist die Heimat von rund 2000 Spinnenarten – von großen Exemplaren, die sogar Vögel verspeisen, bis zu winzig kleinen. Nur eine Handvoll ist gefährlich, einige können tödlich sein. Also immer Augen aufhalten und auch die Schuhe checken!

Wolfspinne

Wolfshunger
Wer hat Angst vor der großen, bösen Wolfspinne? Ihre riesigen Augen funktionieren wie ein Nachtsichtgerät – damit sie ihre Beute im Dunkeln besser sehen kann!

Stadtspinne
Die Sydney-Trichternetzspinne bevorzugt schöne Wohngegenden, z. B. Sydneys grüne Randbezirke. Aber versuch besser nicht, dich mit ihr anzufreunden. Der Biss der männlichen Spinne ist lebensgefährlich!

Die Sydney-Trichternetzspinne ist eine der drei gefährlichsten Spinnen der Welt.

Heiße Spinnen

Die Riesenkrabbenspinne macht es sich gern in Autos gemütlich. Eine Möglichkeit, sie zu verscheuchen, besteht darin, den Wagen in der Sonne zu parken. Dann wird es ihr zu heiß und sie krabbelt aus dem offenen Fenster.

Rotrücken-
spinne

Riesen-
krabben-
spinne

IN DIESEN SCHUHEN LÄSST SICH'S GUT RUHEN.

Gerettet

1981 wurde endlich ein Gegengift gegen den Biss der Sydney-Trichternetzspinne gefunden. Für Gordon Wheatley kam es gerade rechtzeitig. Er wurde 30 Tage später in den Fuß gebissen und dank dem Wundermittel gerettet.

SPINNENSONG

«Eine Rotrückenspinne saß auf dem Klo, Als ich letzte Nacht da war, Ich sah sie nicht im Dunkeln, Aber Junge! Ich spürte ihren Biss!»
Countrysänger Slim Newton landete mit seinem Song „Redback on the Toilet Seat" einen Riesenhit. Aber der Biss einer Rotrückenspinne ist gar nicht lustig, sondern sehr schmerzhaft.

MEIN HINTERTEIL IST AUCH ROT!

Schuldig oder nicht?

Die *white-tailed spider* (Lampona cylindrata) ist Gegenstand eines wissenschaftlichen Krimis! Die einen glauben, dass ihr Gift das Fleisch ihrer Opfer verfaulen lässt. Andere halten Keime auf den Zähnen der Spinne für die Übeltäter.

White-tailed
spider

Mouse spider

Unwillkommene Gäste

2001 überfielen Hunderte von großen, giftigen *mouse spiders* (Missulena) den Garten einer Familie in Newcastle, NSW. Da sie nicht wieder gingen, wurde der ganze Garten weggekarrt – mitsamt den Spinnen!

WAS NOCH?

Spinnen! ✶ www.australien-panorama.de/fakten/ausfauna_gefahr_spinnen.html

Flussauen des East Alligator River

Kakadu-Feuchtgebiet

NaSS iM NORDEN

Im australischen Outback gibt es nichts als endlose Wüsten zu entdecken, richtig? Falsch! Der Kakadu-Nationalpark mit seinen Wasserlandschaften ganz im Norden Australiens sieht völlig anders aus. Er ist etwa halb so groß wie die Schweiz, und es gibt hier die größte Freiluftkunstsammlung Australiens zu bewundern. Auch das Klima ist besonders: Es gibt sechs Jahreszeiten!

Donner Down Under

Donnerwetter! Der Kakadu-Park erlebt mehr Blitze als jeder andere Ort der Welt. In der Monsunzeit „Gudjewg" regnet es in Strömen, und jeden Tag zucken stundenlang Blitze vom Himmel. Den Ureinwohnern zufolge werden die Blitze von Namarrgon erzeugt, der mit wolkenzerschlagenden Äxten an Knien und Kopf wild um sich haut.

WETTERKUNDE

Der Kakadu-Park hat sechs Jahreszeiten:

- ✵ **Gudjewg:** schwere Regenfälle, Gewitter und Überflutungen
- ✵ **Banggerreng:** heftige, sogenannte „knock 'em down"-Stürme, die nicht nur die Gräser umhauen!
- ✵ **Yegge:** kühl und neblig
- ✵ **Wurrgeng:** kühl – „nur" 30° C!
- ✵ **Gurrung:** heiß und trocken
- ✵ **Gunumeleng:** heiß und feucht, mit Gewittern und gefährlichen tropischen Stürmen

Im Kakadu-Park gibt's drei Alligator-Flüsse, aber keine Alligatoren!

Jim-Jim-Wasserfall

Vogelvielfalt
Im Kakadu-Park sind rund ein Drittel aller australischen Vogelarten zu Hause. Der Jabiru, ein Storchenvogel, ist der größte Watvogel Australiens. Der größte Ort im Park heißt ebenfalls Jabiru. Na, so ein Zufall!

Dingdong Dingo
Auch Dingos leben im Kakadu-Park. Ein besonderes Merkmal dieser Wildhunde sind ihre beweglichen Handgelenke. Damit können sie ihre Vorderpfoten wie Hände einsetzen und sogar Türklinken herunterdrücken!

Felskunst bei Nanguluwur

NACH MIR WURDE SOGAR EINE STADT BENANNT!

Jabiru

GIB PFÖTCHEN!

Kunstgeschichte
Aborigine-Künstler hinterlassen seit Tausenden von Jahren ihre Bilder auf den Felsen des heutigen Kakadu-Parks. Neben Schiffen und Flugzeugen aus dem Zweiten Weltkrieg sind ausgestorbene Tiere und Figuren aus der Traumzeit zu sehen.

WAS NOCH?

Mehr Infos über den Dingo ☆ www.wuff.at/artikel.php?artikel_id=49

FRAU MIT FLÜGELN

Nancy Bird wollte schon als Kind
fliegen wie ein Vogel, und mit
vier Jahren versuchte sie es zum
ersten Mal: Sie sprang von einem
Gartenzaun! Nancy wuchs in den
Pioniertagen der Fliegerei auf
und auch sie wurde zu einer
Flugpionierin. Sie war damals die
jüngste Frau, die eine Berufs-
pilotenlizenz bekam. 1933 war es
für eine Frau ungewöhnlich zu
fliegen, und genauso ungewöhnlich war es, dabei auch noch
Hosen zu tragen! Aber Nancy Bird
ließ sich nicht unterkriegen. Nur
mit einem Kompass, einer Uhr
und einer Landkarte ausgerüstet,
musste sie sich oft auf ihren
siebten Sinn verlassen.

Zarte Flügel

Um sich ihren Lebensunterhalt
zu verdienen, bot Nancy Bird auf
Jahrmärkten Vergnügungsflüge
an. Ihre Kopilotin verkaufte die
Tickets und achtete darauf, dass
die Passagiere nicht mit den
Füßen auf die Flügel traten. Die
waren nämlich aus Holz und Stoff
zusammengeklebt.

Peggy McKillop Nancy Bird

Vogelfrauen

Als Nancy Bird mit dem Fliegen begann, musste sie auf einem dicken Kissen sitzen, um aus dem Cockpit sehen zu können! Ihre Kopilotin, Peggy McKillop, trug manchmal einen gepolsterten Anzug. Deshalb bekamen die beiden die Spitznamen „Kleiner Vogel" und „Dicker Vogel".

Nancy band ihr Flugzeug abends oft an einen Zaun, damit es nicht wegwehte.

RETTUNGSENGEL

Nancy war als „Engel des Outbacks" bekannt, da sie oft zu Hilfe eilte, um Kranke zu transportieren, die Tagesreisen vom nächsten Arzt entfernt wohnten. Nancy flog auch Vorräte über den riesigen Kontinent. Einmal hatte sie eine sehr dringende Ladung – Eiscreme für ein Picknick!

Duftmarke

In den Anfangsjahren der Fliegerei gab es noch keine Landkarten für Piloten. Sie mussten sich an Bahngleisen oder Radspuren orientieren. Einmal erzählte ein Pilot von einer ungewöhnlichen Orientierungshilfe: einem toten Pferd. Angeblich konnte er es sogar von oben riechen!

ICH HATTE AUCH FLÜGEL, ALS ICH IN DEN HIMMEL AUFSTIEG!

Frau am Himmel

Nancy nahm alle möglichen Jobs an, um fliegen zu können. In den 1930er Jahren engagierte der Herausgeber einer Zeitung sie. Nancy sollte für ihn ein Banner mit der Aufschrift *Woman* (Frau) herumfliegen, als Werbung für eine neue Zeitschrift.

FRAU

WIE DER HASE LÄUFT

Eine Landebahn war zu Nancys Zeit oft nur eine Schafweide. Nancy bat die Farmer, die Bahnen mit dem Auto zu testen. So konnte sie erkennen, ob die Weide zum Landen geeignet war. Kaninchenlöcher ließen das Auto nämlich ganz schön hüpfen!

WAS NOCH?

Die australische Fluglinie Quantas benannte ihren ersten Airbus A380 nach Nancy.

EINE STADT NAMENS ALICE

Alice Springs, von den Australiern häufig einfach nur „Alice" genannt, hieß ursprünglich Stuart. Der berühmte Ort im Outback liegt mitten im australischen Hinterland. Entdeckungsreisende nannten ihn „das tote Herz", weil die rote Erde wie Blut aussah und das riesige öde Land unbelebt erschien. Erst mit der Telegrafenlinie erwachte der Ort 1872 zum Leben.

Stuart, der Schotte

Der Ort Stuart wurde nach dem Schotten John McDouall Stuart benannt. Der Entdecker brach im Oktober 1861 auf, um eine Route für eine oberirdische Telegrafenleitung von Süd- nach Nordaustralien zu finden. Nach vielen Hindernissen erreichte Stuart im Juli 1862 sein Ziel – auch wenn er sich kaum noch auf den Beinen halten konnte!

John McDouall Stuart

Der Ort Stuart wurde 1933 in Alice Springs umbenannt.

Endstation

In den 1940er Jahren war Alice Springs der Endpunkt der Eisenbahnlinie von Adelaide im Süden Australiens. Im Zweiten Weltkrieg versammelten sich hier die Truppen auf dem Weg nach Darwin im Norden. Anschließend fuhren sie mit Lastwagen weiter. Anfangs orientierten sich die Fahrer dabei am Verlauf der Telegrafenleitung.

EINE NACHRICHT FÜR ALICE!

Telegrafenstation, Alice Springs

Kamele im Kommen

Kamele wurden beim Bau der Telegrafenleitung als Lasttiere eingesetzt. Heute sind sie die Stars des Camel Cup, eines Kamelrennens, das seinen Ursprung in einer Kneipenwette aus dem Jahr 1970 hat. Wetten, dass die Kamele darauf verzichten könnten?

Alice wie?

Alice Springs wurde nach einer Frau namens Alice benannt, aber ihr Nachname war nicht Springs. Alice war die Frau von Sir Charles Todd, dem Postminister von Südaustralien. Das „Springs" (Quellen) im Ortsnamen bezieht sich auf ein Wasserloch östlich der Telegrafenstation.

WAS NOCH?

ICH GLAUB, WIR HABEN SAND IM GETRIEBE!

SANDSEGLER

Dieses Rennen ist wirklich bemerkenswert. Welcher andere Ort, der 1500 km vom nächsten Gewässer entfernt liegt, veranstaltet schon ein Bootsrennen? Die Henley-on-Todd-Regatta findet auf dem ausgetrockneten, sandigen Todd River statt. Wenn das Flussbett Wasser führt, fällt das Rennen aus!

BLICKDICHT BADEN

Heutzutage geht es an australischen Stränden ziemlich locker zu, aber Anfang des 20. Jahrhunderts sah das noch ganz anders aus! Damals gab es viele Regeln, z. B., mit wem man schwimmen durfte und was man dabei anzuziehen hatte. Alexander MacRae besaß eine Firma, die 1914 begann, Bademode herzustellen. Er nannte sie „Fortitude" (Stärke), und die musste er auch haben, als einige seiner Modelle verboten wurden! Zum Glück wurden die strengen Vorschriften in den 1960er Jahren wieder gelockert, und heute kann jeder nach Herzenslust das Strandleben genießen.

IST DIE LUFT REIN?

Rollende Boxen

In den 1920er Jahren zeigten sich Badegäste nicht gern leicht bekleidet. Sie gingen in eine Kabine, um ihre knielangen Badeanzüge anzuziehen. Manche Kabinen hatten Räder. Damit konnten die Schwimmer den Strand hinunter und sogar ins Wasser rollen!

ICH WILL AUCH INS WASSER ROLLEN.

WIR SCHAUEN SOLANGE WEG!

> 1907 wollten drei Bürgermeister Männer dazu verdonnern, in „Baderöcken" zu schwimmen!

Schwimmen in Schwarz

Anfang des 20. Jahrhunderts mussten Frauen dunkle Badeanzüge aus Flanell oder Biber tragen, oft mit langen schwarzen Strumpfhosen darunter. Eigentlich ein Wunder, dass sie mit den schweren Klamotten nicht untergingen!

> DAS BIKINI-MASS IST VOLL!

Zank um Zweiteiler

Alexander MacRaes Firma stellte nicht nur die berühmten Speedo-Badehosen für Männer her. Sie brachte in den 1940er Jahren auch zweiteilige Bademode für Frauen auf den Markt. Natürlich verboten die Strandaufseher die „unanständigen" Zweiteiler!

Echt vermessen

In den 1940er Jahren war der Strandaufseher Aubrey Laidlaw der Schrecken weiblicher Badegäste. Er trug ein Maßband bei sich, mit dem er kontrollierte, ob die Badeanzüge nicht zu knapp waren!

WAS NOCH?

Anfang des 19. Jahrhunderts durften Männer und Frauen nur getrennt baden.

GESTOHLENE GENERATIONEN

Die Ankunft der Europäer war für die Ureinwohner Australiens eine Katastrophe. Sie litten unter Krankheiten und Verfolgung und ihre Zahl schrumpfte rapide. Anfang des 20. Jahrhunderts beschloss die Regierung, Mischlingskinder zu „retten", indem sie sie an weiße Familien übergab. In den folgenden Jahrzehnten wurden Tausende Kinder ohne Vorwarnung ihren Familien entrissen. Diese Kinder nennt man heute die „gestohlenen Generationen".

«Die Schwarzen müssen weiß werden.» – A. O. Neville, Leiter der Behörde für Aborigine-Angelegenheiten in Westaustralien

Kinderfänger

Der Job von A. O. Neville (im Film *Long Walk Home* gespielt von Kenneth Branagh) war es eigentlich, die Aborigines zu beschützen, doch er wurde zu ihrem größten Feind. Er wollte, dass die Menschen «vergessen, dass es jemals Aborigines in Australien gab».

Ausreißer

1931 flohen drei Mädchen aus dem Lager Moore River und legten 2400 km zurück, um zu ihren Familien zurückzugelangen. Ihr langer Marsch ist das Thema des Films „Long Walk Home – Der lange Weg nach Hause".

ICH HAB DAS GEFÜHL, ICH BIN IN DIESEM FILM DER BÖSEWICHT.

TRUGERNANNER

Trugernanner war eine der wenigen Überlebenden eines anderen grausigen Vorfalls in der australischen Geschichte. Als tasmanische Aborigines Mitte des 19. Jahrhunderts gegen landgierige Siedler kämpften, wurden sie umgebracht oder in Lager gesteckt. Trugernanners Skelett wurde später ausgestellt.

Gedenkmarsch

Der 26. Mai ist in Australien der Nationale Tag der Entschuldigung. An diesem Datum wurde 1997 im Parlament ein Bericht über die gestohlenen Generationen vorgelegt. Er enthüllte, dass noch bis in die 1970er Jahre Kinder verschleppt wurden.

Niemandsland

Europäische Siedler erklärten Australien zur *terra nullius* (Niemandsland). So konnten sie einfach Land in Besitz nehmen, wo sie wollten. Eddie Mabo, ein Ureinwohner der Torres-Strait-Inseln, fand, das Land gehörte seinem Volk. Erst nach zehnjährigem Rechtsstreit wurde das Terra-Nullius-Konzept aufgegeben.

Zeit, sich zu entschuldigen

Als sich Premierminister Kevin Rudd 2008 bei den Ureinwohnern Australiens entschuldigte, kamen vielen die Tränen. Manche hatten ihr Leben lang darauf gewartet.

WAS NOCH?

Der Kampf der Aborigines ✶ **www.survivalinternational.de/indigene/aborigines**

HILFE AUS DER LUFT

Im riesigen Outback ist es weit bis zum nächsten Zeitungs-
laden! Dafür konnte man früher umso schneller im Himmel
landen, wenn man ernsthaft erkrankte. Zwei Ärzte waren für
ein Gebiet von 2 Millionen km² Größe zuständig, und bis der
Doktor eintrudelte, konnte über eine Woche vergehen! Zum
Glück kam Pfarrer John Flynn auf die Idee, eine Flugambu-
lanz zu gründen, und im Mai 1928 erhob sich der Royal
Flying Doctor Service zum ersten Mal in die Lüfte.

Pfarrer John Flynn

3 Tage zur Post

18 Stunden zum Nachbarn

3 Wochen zu Oma

2 Std. zum Briefkasten

WOOP WOOP CREEK

10 Tage zum Strand

Hilferuf
Der Royal Flying Doctor Service war eine tolle Sache. Aber wie sollten die Leute im Outback ihn um Hilfe bitten? Zum Glück erfand Alfred Traeger 1929 einen pedalbetriebenen Generator und Radioempfänger. Mit den Füßen trat man in die Pedale, mit den Fingern wählte man!

GALAHS LIEBEN GALAH-SESSIONS!

OP gelungen, Patient tot
Flynn trieben Geschichten wie die von James Darcy an. 1917 fiel der Schäfer von seinem Pferd. Ein Postmeister operierte ihn mit Rasierklinge und Taschenmesser nach Anweisungen, die ihm ein Arzt per Morsecode übermittelte. Der Arzt brauchte 13 Tage bis zu Darcy, doch der war einen Tag zuvor gestorben.

Galah-Gespräch
Radios ermöglichten es den Menschen im Outback, in Kontakt zu bleiben. Dreimal täglich übermittelten Krankenschwestern eine halbe Stunde Nachrichten. Weil auch der Rosakakadu (*galah*) gern plappert, hießen diese Sitzungen *galah sessions*.

SOLLEN WIR ES PLAPPERKISTE NENNEN?

WO IST MEIN LEHRER?

Pedalradios übermittelten Nachrichten per Morsealphabet.

Fernunterricht
Die lebensrettenden Radioempfänger halfen auch den Kindern im Outback beim Lernen. 1948 wurden Schüler per Funk vom Stützpunkt des Royal Flying Doctor Service in Alice Springs unterrichtet. Damals mussten die Kinder in die Pedale treten, um mit ihrem Lehrer zu sprechen. Heute läuft alles per Satellit.

Die fliegenden Ärzte sind an 365 Tagen im Jahr rund um die Uhr im Einsatz.

WAS NOCH?

TIERISCHE INVASION

Jedes Jahr reisen Millionen von Besuchern nach Australien, aber nicht alle sind willkommen. Einige tierische Einwanderer kamen zwar ganz legal ins Land, entpuppten sich aber als wahre Terroristen. In der Wildnis tobt inzwischen ein Krieg zwischen Einheimischen und Eindringlingen. So verdrängen z. B. Aga-Kröten und Kaninchen viele einheimische Arten. Und was sind nun die schrecklichen Waffen der Einwanderer? Unstillbarer Hunger und ein unbändiger Wille zur Fortpflanzung!

Am Toad Day Out sammeln Freiwillige Kröten ein. Die Viecher müssen lebend abgegeben werden!

Krötenkiller
Manche Aga-Kröten rappeln sich wieder auf, wenn sie überfahren wurden, und überleben sogar Buschfeuer. Um sie zu erledigen, muss man sie in den Kühlschrank und dann ins Gefrierfach legen (die sanfteste Tötungsmethode).

GIFTMISCHER
Die Aga-Kröte ist ein Frosch, den du bestimmt nicht küssen willst. Drüsen auf ihrer Schulter sondern ein Gift ab. Das hält aber einige Zahnärzte nicht davon ab, das Gift der Aga-Kröte als Mittel gegen Zahnschmerzen einzusetzen!

Verrechnet
1935 wurden Aga-Kröten nach Australien eingeführt, um die Zuckerrohrkäfer zu bekämpfen, die die Zuckerrohrernte vernichteten. Es gab nur ein kleines Problem: Die Käfer lebten auf der Spitze des Rohrs, und die Kröten konnten nicht so hoch springen. Dumm gelaufen!

ICH HAB KEINE KLATSCHE.

FLIEGENWEDEL

Fliegen bringen die Australier zur Weiß-glut! Es gibt etwa 30 000 verschiedene Arten im Land, aber eine ist besonders dreist. Die Buschfliege ernährt sich von Sekreten aus dem menschlichen Auge und Mund. Sie ist eine solche Plage, dass das Herumwedeln mit der Hand vorm Gesicht als „australischer Gruß" gilt!

HILFT AUCH GEGEN FLÖHE.

Karnickelkolonien

Kaninchen kamen 1788 mit den Sträflingsschiffen nach Austra-lien. 1859 setzte Thomas Austin außerdem zu Jagdzwecken 24 Kaninchen in der Wildnis aus. Heute zerstören Millionen von ihnen die Vegetation. Man nennt sie auch die „Kettensägen des Outbacks".

NICHTS WIE WEG! DIE FARMER KOMMEN!

WAS NOCH?

Infos über die Buschfliege ✷ www.oztrailia.de/fliegen.html

REICHTUM AUS DER TIEFE

Für Glücksritter auf der Suche nach kostbaren Mineralien war Australien eine wahre Schatzkammer. Jahrhundertelang gruben, schürften und sprengten sie sich ihren Weg unter die Erde, um an Bodenschätze zu gelangen. Heutzutage haben in den riesigen modernen Minen schwere Maschinen die Arbeit übernommen, aber die Arbeiter vom alten Schlag sind immer noch da. Sie leben in den australischen Opalstädten, Australiens Antwort auf den Wilden Westen. Und hier gibt es sogar ein paar waschechte Schurken – die sogenannten *ratters*.

Opalklau
Früher glaubte man, Opale brächten Unglück. Im Ort Coober Pedy verbreiten sie sogar ein ansteckendes Fieber – Opalfieber. Jeder kann sich hier ein Feld abstecken und mit dem Schürfen beginnen. Aber Vorsicht vor Dieben, die Opale stehlen! Es gibt schaurige Geschichten von solchen *ratters*, die in stillgelegten Minenschächten ein böses Ende fanden.

In Coober Pedy wurde der größte Opal der Welt gefunden. Er wog 3,45 kg!

DIESES MAL IST'S HOFFENTLICH EIN OPAL.

GRR! DIE RATTERS KRIEGEN DICH NICHT.

TIEFSCHLAF

Wer Cooper Pedy besucht, kann in Höhlen unter der Erde schlafen. Das ist ziemlich cool! Vor allem wenn man bedenkt, dass es an der Oberfläche sehr heiß und öde ist. In der Gegend wurden schon einige Weltuntergangsfilme gedreht!

Golf ohne Gras

Die Mitglieder des Golfclubs von Coober Pedy müssen immer ein Stück Kunstrasen mitschleppen, um den Ball zu schlagen. Dafür gibt's hier keine „Betreten-verboten"-Schilder!

ICH BIN SCHON LANGE UNTER DER ERDE!

Leben im Untergrund

Es gibt Opalschürfer, die arbeiten nicht nur unter der Erde, sie leben auch dort! Viele Einwohner von Coober Pedy haben sich ihr Zuhause in Höhlen und alten Minen eingerichtet, um der Gluthitze zu entfliehen. Du kannst hier unter der Erde sogar shoppen, im Café sitzen oder in die Kirche gehen.

WAS NOCH?

Offizielle Website von Coober Pedy ✫ www.opalcapitaloftheworld.com.au

KUMPELS IM KRIEG

Ein Freund wird in Australien auch *cobber*, *chum* oder *buddy* genannt, aber der Kumpel, der mit dir durch dick und dünn geht, heißt *mate*. Im Ersten Weltkrieg hing das Überleben eines australischen Soldaten oft von seinen *mates* ab. Ein mutiger *mate* in der Schlacht von Gallipoli in der Türkei war der Krankenträger John Simpson. Mit seinem treuen Esel suchte er pfeifend und mitten im feindlichen Kugelhagel im sogenannten Shrapnel Valley (Granatsplittertal) nach verwundeten Kameraden.

UND WO SIND *MEINE* MATES, WENN ICH SIE BRAUCHE?

Simpsons Helfer
Simpson war als der „Typ mit dem Esel" bekannt. Tatsächlich waren es wohl mehrere Esel, die ihm geholfen haben, aber sein Liebling war Duffy.

Simpson rettete innerhalb von 24 Tagen über 300 Soldaten.

Schlagfertig
Wenn es um Granaten ging, konnte Leonard Keysor niemand etwas vormachen. Als türkische Soldaten Handgranaten auf die Australier warfen, fing Keysor sie manchmal auf und schmiss sie einfach zurück. Während eines Gefechts hielt er diese Technik einmal 50 Stunden durch!

Sportsfreunde

Als die Australier im Dezember 1915 in mehreren Etappen aus Gallipoli abzogen, vertrieben die Wartenden sich die Zeit mit Sport. Die Soldaten, die noch nicht an der Reihe waren, spielten tagsüber Cricket, um wieder ein Gefühl von Normalität zu bekommen.

Schwestern mit Herz

Krankenschwestern hatten nicht nur mit Verbandszeug zu kämpfen. In Frankreich wurden vier australische Krankenschwestern 1917 für ihre Tapferkeit ausgezeichnet, weil sie Patienten aus einem brennenden Gebäude gerettet hatten.

> Der Strand, an dem sie Cricket spielten, wurde Shell Green (Granaten-Grün) genannt.

FEIND HÖRT MIT

Am 24. Dezember 1914 begannen deutsche Soldaten, Weihnachtslieder zu singen. Daraufhin ließen beide Seiten die Waffen ruhen. Die Feinde trafen sich, tranken und tauschten einfache Geschenke aus – aber am nächsten Tag waren sie leider keine *mates* mehr.

> HIER HERRSCHT 'NE BOMBENSTIMMUNG!

> DAS IST JA EIN DICKER HUND!

Überläufer

Im Ersten Weltkrieg war Hund Rolf, angelockt vom Duft des gebratenen Schinkenspecks, der beste *mate* einiger australischer Truppen. Davor war Rolf ein dicker Freund der deutschen Feinde!

WAS NOCH?

In Canberra gibt es ein Denkmal zu Ehren von Simpson und seinem Esel.

SCHNELLSTER IM STALL

Phar Lap war ein australisches Wunderpferd. Sein Name bedeutet „Blitz", und schnell wie ein Blitz rannte er auch. Harry Telford, ein arbeitsloser australischer Trainer, kaufte das Pferd 1928 unbesehen aus Neuseeland. Und dank Phar Lap hatte Telford bald wieder etwas zu lachen. Der große Fuchs gewann nicht nur viele Rennen, er eroberte auch die Herzen der Australier!

POTZBLITZ, DU LÄUFST WIE EIN GEÖLTER BLITZ!

37 von 51 Rennen gewonnen

Die Legende lebt

Die Jonas Brothers, berühmte New Yorker Tierpräparatoren, stopften Phar Lap aus. Sie ließen sogar Schnüre an den Stellen durch die Haut schimmern, wo einst die Venen verliefen. Alle waren verblüfft, wie echt das aussah!

ICH SEHE GANZ SCHÖN ABGEHALFTERT AUS!

ROSSKUR

2010, als Phar Laps Skelett und sein ausgestopfter Körper nebeneinander ausgestellt wurden, war klar: Das Skelett musste dringend restauriert werden. Es war 1938 von einem Präparator zusammengesetzt worden, der kein Experte war. Es hatte X-Beine, einen krummen Rücken und hängenden Kopf. Im März 2012 war Phar Lap kuriert – und 18 cm größer.

Geteiltes Pferd

Nach seinem Tod 1932 wurden Phar Laps Überreste an drei verschiedene Orte geschickt: sein Fell nach Melbourne, sein Herz nach Canberra und sein Skelett nach Neuseeland. Als er in Melbourne ein nur 1 km entferntes neues Zuhause beziehen sollte, dauerte das über fünf Stunden. Keine Spur von Blitzgeschwindigkeit!

Die australische Redensart «Du hast ein so großes Herz wie Phar Lap» bedeutet: «Du bist sehr mutig».

MEIN HERZ IST SCHWER ...

Großherzig

Phar Lap war in jeder Hinsicht ein Schwergewicht. Sein Herz wog 6,35 kg, während es bei einem Durchschnittspferd nur rund 4 kg schwer ist. Phar Laps Stammbaum lässt sich bis zu einem englischen Pferd namens Eclipse zurückverfolgen. Als Eclipse 1789 starb, wog sein Herz ebenfalls 6,35 kg!

Pferdefeinde

Im November 1930 schoss jemand auf Phar Lap, verfehlte ihn aber. Es wurden zwei Verdächtige in einem Auto gesehen, der eine verbarg sein Gesicht hinter einer Zeitung, der andere hinter einem Tuch.

WAS NOCH?

Phar Lap starb an einer mysteriösen Arsenvergiftung.

BABY AN BORD

Das Leben in einem Beutel ist bestimmt gemütlich, aber vor allem ist es warm und sicher. Einige Tiere in Australien, die sogenannten Beuteltiere, verbringen ihre ganze Kindheit in einem Beutel, wenn sie gleich nach der Geburt die kurze, aber gefährliche Reise dorthin geschafft haben. Manche Tierkinder haben den ganzen Beutel für sich allein. Andere müssen ihn sich mit ihren Geschwistern teilen. Aber ganz gleich, wie kuschelig es im Beutel auch sein mag, wenn sie älter werden, hüpfen die Kinder aus dem Sack und kehren nie mehr zurück.

ICH FÜHLE MICH ETWAS GEBEUTELT!

ICH HAB IHN IN DER TASCHE!

Ausgebeutelt

Felskängurus haben einen gestreiften Schwanz und starke Krallen, die sie zum Klettern in den Felsen brauchen. Die meisten Beuteltiere verlassen den Beutel erst nach ein paar Monaten. Aber die jungen Felskängurus sind kleine Draufgänger. Sie klettern schon nach einer Woche nicht mehr in den Beutel zurück.

MIST! MIT DIESER HOSE KANN ICH NICHTS EINSACKEN!

Teufel im Sack

Der Tasmanische Teufel lebt auf der australischen Insel Tasmanien. Die streitlustigen Tiere sind wahrhaftig keine Engel! Sie kämpfen verbissen um Fressen, um ihre Partner und wenn sie sich bedroht fühlen. Weibchen bringen 20 bis 30 Junge zur Welt, haben aber nur vier Zitzen im Beutel. Nur die stärksten der kleinen Teufel überleben.

MICH HAT KEINER IN DER TASCHE.

Den Beutel nennt man auch Marsupium.

HINTERTASCHEN

Wenn die Hauptbeschäftigung eines Tieres das Buddeln ist, wäre ein nach vorn geöffneter Beutel unpraktisch, deshalb haben die Beutel der Wombat-Weibchen ihre Öffnung hinten. So gelangen weder Dreck noch Wasser hinein. Dafür müssen die Wombat-Babys hinten mit ganz anderen Abfällen klarkommen!

Aussichtsreich

Ein Fenster mit Blick nach hinten bietet nicht immer die besten Aussichten, aber man hat trotzdem genug zu sehen! Wombats scheiden jede Nacht bis zu 100 würfelartige Köttel aus. Sie benutzen sie als „Schilder", um ihr Revier zu kennzeichnen – die perfekten Häuflein, da sie nicht wegrollen!

WAS NOCH?

Koalas haben nach hinten geöffnete Beutel, obwohl sie auf Bäumen leben.

GOLDENE ZEITEN

1851 wurde in Australien Gold entdeckt, und Abenteurer strömten in Scharen zu den Fundorten. Der Weg durch die staubige Wüste war kein Sonntagsspaziergang. Doch verlaufen konnten sich die Goldsucher nicht. Denn überall am Weg verstreut lag Krimskrams, der von seinen Besitzern weggeworfen worden war, weil er ihnen bei der Hitze zu schwer war. Auch abenteuerlustige Frauen zog es zu den Goldfeldern.

IST DAS NUN BENNY ODER JENNY?

Frauenvorteil

Goldgräber mussten eine Schürfgenehmigung kaufen und immer mit sich führen. Selbst Männer, die gar nicht nach Gold gruben, mussten eine haben. Für Frauen aber galt diese Regelung nicht. Kein Wunder also, dass sich manche Männer als Frauen verkleideten, wenn die Polizei kam!

Kalter Kaffee

Es war verboten, in der Nähe der Goldminen Alkohol zu verkaufen. Doch ein paar findige Frauen eröffneten sogenannte Kaffeezelte, wo sie den Goldgräbern „kalte Getränke" verkauften. Die wurden jedoch bald heiß, denn die Polizei setzte oft die Zelte in Brand!

NEIN DANKE. ICH KOMME GERADE VON EINER KAFFEEFAHRT.

ZU MEINEM KAFFEEZELT GEHT'S HIER LANG.

Gold wert

Lola Montez reiste 1855 von Kalifornien nach Australien. Sie war berühmt für ihren „Spinnentanz". Die Goldgräber waren davon so begeistert, dass sie Goldklumpen auf die Bühne warfen!

SCHWERE DAMEN

Vor dem ersten australischen Goldrausch wurden Steine mit Goldablagerungen in Sydney noch als „komisches Zeug" ausgestellt. Aber als damit das große Geld gemacht wurde, fand die Steine keiner mehr komisch. Einigen beachtlichen Goldklumpen gab man Frauennamen:

✫ Blanche Barkly: **1743 Unzen** (1857)

✫ Viscountess Canterbury: **912 Unzen** (1870)

✫ Leila: **675 Unzen** (1907)

DIE GOLDENE REGEL HEISST: IMMER SAUBER BLEIBEN!

Fetter Fund

«Verdammt! Meine Spitzhacke ist Schrott!», schrie John Deason am 5. Februar 1869. Er war gerade auf den größten Goldklumpen der Welt gestoßen. Der „Welcome Stranger" wog 95 kg. An jenem Abend versteckte er ihn unter einem Tuch und schmiss eine Riesenparty!

Australische Goldgräber hießen *diggers*. Die Frau eines Goldgräbers wurde manchmal *diggeress* genannt.

GEFLICKTE FAHNE

Beim Eureka-Goldfeld in Ballarat, Victoria, kam es 1854 zu einer Revolution. Die Goldgräber hissten die Eureka-Fahne und rebellierten gegen das System der Schürfgenehmigungen. Die Fahne soll aus dem blauen Wollstoff zusammengenäht worden sein, der oft für Unterröcke verwendet wurde. Nach dem Aufstand riss ein Polizist die Flagge runter, trampelte auf ihr herum und stieß sein Bajonett hindurch!

WAS NOCH?

Während des Goldrauschs verzehnfachte sich die Einwohnerzahl Australiens!

HALLIGALLI IM HAFEN

Die Bauweise des Opernhauses von Sydney ist einzig-
artig und revolutionär. Doch als der Entwurf für das
Haus fertig war, fanden manche Leute, es
sollte nie gebaut werden – und beinah
wäre es auch so gekommen! Heute wird die
Oper von Sydney aber in den höchsten Tönen
gelobt und gehört zu den meistfotografierten
Gebäuden der Welt. Für viele ist sie ein beliebter
Treffpunkt, und im Innern werden Opern,
Ballett- und Theateraufführungen gezeigt.
Selbst ein Flohzirkus war schon zu Gast!

Dänisches Design

Als Australien einen internationalen Archi-
tekturwettbewerb für ein Opernhaus in
Sydney veranstaltete, wurden 233 Entwürfe
aus 32 Ländern eingereicht. Der Gewinner
stand 1957 fest: Es war Jørn Utzon, ein
Architekt aus Dänemark. Dem Hobbysegler
schwebte ein radikaler Bau vor, der wie ein
Schiff mit windgefüllten Segeln aussehen
sollte. Utzon brauchte aber noch ein paar
Jahre, um auszutüfteln, wie die „Segel" des
Dachs gebaut werden könnten.

Jørn Utzon

Utzons Entwurf
war zunächst
aussortiert
worden.

DIESE
HALSKRAUSE IST
ZUM HEULEN.

WANN BEGINNT DER
FLOHZIRKUS?

Heulende Hunde

Konzerte sind im Opernhaus von
Sydney nichts Außergewöhnliches,
aber ein Hundekonzert? 2010 wurde
hier das weltweit erste Konzert für
Hunde aufgeführt, ein 20-minütiger
Ohrenschmaus für 1000 Hunde und
ihre Besitzer. Für Letztere war es eher
ein ohrenbetäubendes Pfeifkonzert.
Für die Hunde waren es (vermutlich)
himmlische Harmonien.

HUCH! BIN ICH VIELLEICHT DOCH EINE ORANGE?

Opernorange

Wie Isaac Newton, der durch einen Apfel auf eine geniale Idee kam, hatte der Architekt Jørn Utzon eine Erleuchtung, als er eine Apfelsine schälte. Das Opernhaus von Sydney besteht deshalb aus zehn Dachmuscheln, die zusammengesetzt eine Orange (bzw. eine perfekte Kugel) ergeben würden.

Kachelkunst

Das Dach des Opernhauses besteht aus über einer Million Fliesen. Zum Glück reinigen sie sich von selbst, wenn es regnet. Die Keramikfliesen sehen von Weitem rein weiß aus, sind aber bei genauerer Betrachtung matt-cremefarben und weiß glasiert. Hättest du sie gern auf deinem Dach zu Hause? Kein Problem! Sie sind noch erhältlich. Einfach nach den Sydney-Fliesen *(Sydney tiles)* fragen!

HOFFENTLICH REGNET'S BALD!

LASER-LEINWAND

Im Mai und Juni wird die Stadt beim Lichter- und Musikfestival Vivid Sydney in kunterbuntes Licht getaucht. Nachts werden dann farbenfrohe Bilder auf die Segel des Opernhauses projiziert. Aber auch wenn keine Spezialeffekte am Werk sind, bleibt es bunt, denn die weißen und cremefarbenen Dachfliesen wechseln je nach Lichteinfall ihre Farbe.

WAS NOCH?

Offizielle Website der Oper von Sydney ☆ www.sydneyoperahouse.com

FRUCHTFLIEGENZIRKUS

Im Flying Fruit Fly Circus, den es bereits seit 1979 gibt, schwingen sich schon Achtjährige am Trapez durch die Lüfte. Das heißt aber nicht, dass die jungen Artisten keine Schulbank drücken müssen – sie gehen einfach im Zirkus zur Schule! Der Fliegende Fruchtfliegenzirkus ist Australiens einzige Zirkusschule für Kinder.

Flugverbot

Nicht alle Fliegen sind so unterhaltsam. Manche Arten sind in Australien eine echte Plage. Der Zirkus hat seinen Namen von den Fruchtfliegen-Kontrollpunkten an der Grenze zwischen Victoria und New South Wales.

Es gibt in Australien über 80 Fruchtfliegen-Arten.

Fruit Fly
Free Zone
50 km Ahead

Coole Schule

Selbst Hausaufgaben machen in der Zirkusschule Spaß. Turnen, Seiltanz und Trapez sind nur einige der coolen Beschäftigungen nach Schulschluss.

Zukunft Zirkus

Wenn die Fruchtfliegen-Zirkuskinder erwachsen werden, können sie einfach zu einem anderen Zirkus wechseln. Einige gründeten 1977 den Circus Oz und hatten es so eilig, aufzutreten, dass sie ihr Zirkuszelt selbst nähten!

ICH FLIEGE WIE EINE FRUCHTFLIEGE.

Hoch hinaus

Manche ehemaligen Fruchtfliegen sind auch außerhalb der Zirkusarena bekannt. Die frühere Trapezkünstlerin Emma George stellte zwölf Weltrekorde im Stabhochsprung auf!

WAS NOCH?

Offizielle Website des Flying Fruit Fly Circus ✫ www.fruitflycircus.com.au

BITTE KEINE KROKODILS-TRÄNEN!

Steve fing sein erstes Krokodil mit neun Jahren.

DER KROKODILJÄGER

Steve Irwin war ein Tierexperte, der Krokodile und Schlangen einfing. Die gefährlichsten Tiere der Welt hatten es ihm besonders angetan. Sein Spitzname war „der Krokodiljäger". Doch er tötete die Tiere nicht, sondern fing sie ein, um sie vor schießwütigen Krokodiljägern zu schützen. Schon Steve Irwins Eltern waren leidenschaftliche Hüter der australischen Tierwelt, und Steve folgte ihrem Vorbild. 2006 starb er, wie er gelebt hatte – in der Gefahrenzone der Natur!

Bitte nicht berühren!
Steve bekam zu seinem sechsten Geburtstag einen 4 m langen Amethystpython, den er Fred nannte. Leider durfte Steve nie mit seinem Haustier spielen, denn die Schlange hätte ihn leicht verspeisen können. Da ist Fred ein Snack entgangen!

Amethystpython

STEVES LIEBLINGSWÖRTER

aggro – aggressiv
beaut – schön
bloke – Mann, Typ, Kerl
crikey – Ausdruck des Erstaunens
yakka – harte Arbeit (z. B. Krokos fangen!)

Kaltgestellt

Während einer Partie Schul-Cricket wurde es Steve langweilig und er zog los, um die Tierwelt zu erkunden. Am Ende kam er mit sieben Giftschlangen zurück, die er für den Nachhauseweg in der Kühlbox des Busfahrers verstaute. Ein guter Ort für Schlangen – sie sind Kaltblüter!

> BUSFAHRTEN SIND LANGWEILIG. WOLLEN WIR BLINDE SCHLANGE SPIELEN?

> SIND WIR BALD DA?

CRIKEY

Plakatwand des Australia Zoo

Krokoshow

Weil ihr Haus vor lauter Tieren aus allen Nähten platzte, eröffneten Steves Eltern 1973 einen Tierpark. 1991 übernahm Steve das Ruder und machte den Park zum Australia Zoo. Die große Attraktion ist hier heute das „Crocoseum", wo die Besucher zuschauen können, wenn sich die Krokodile ihr Mittagessen schnappen.

Emu Eierkopf

Eins von Steves Haustieren war ein Emu namens Egg Head (Eierkopf), der etwas schräg drauf war. Er schluckte beim Spielen gerne Murmeln, und Steve musste dann eine Woche warten, bis sie am anderen Ende wieder rauskamen. Aber wenn er sie erst mal gereinigt hatte, waren sie so gut wie neu!

Straßendienst

Als Kind wurde Steve auf Autofahrten wahrscheinlich nie langweilig. Seine Mutter hielt immer an, wenn sie ein überfahrenes Tier sah, um sicher zu gehen, dass im Beutel eines toten Kängurus kein Tierkind war. Steve kam deshalb oft zu spät zur Schule. Super Entschuldigung, oder?

> DER VIELE VERKEHR MACHT MICH GANZ FERTIG!

WAS NOCH?

Irwin starb 2006, nachdem er von einem Stachelrochen gestochen worden war.

DER KAMELZUG

Harry gehörte 1846 zu den ersten Kamelen, die australischen Boden betraten. Später folgten Tausende Artgenossen, die als Australiens „Wüstenschiffe" bekannt wurden. Kameltreiber, die aus Ländern wie Afghanistan kamen, beförderten auf ihnen Waren und Menschen. 1929 ersetzte ein Zug die Karawanen zwischen Adelaide und Alice Springs. Er startete in Adelaide mit 100 Passagieren an Bord, die alle heilfroh waren, dass sie nicht mehr auf Kamelen reiten mussten.

> VON WEGEN VORFAHRT MISSACHTET! WIR SIND LIEGEN GEBLIEBEN.

Verkehrsregeln
Zwischen Kameltreibern und Fahrern von Ochsenkarren, die ebenfalls Waren transportierten, herrschte ein erbitterter Konkurrenzkampf. Ein Fuhrmann schoss sogar auf einen Kameltreiber, weil der ihm angeblich die Vorfahrt genommen hatte!

ZEITSCHIENE

Heute verkehrt der Ghan-Zug von Adelaide bis nach Darwin. Es dauerte über ein Jahrhundert, bis die Linie fertig war.

ALICE SPRINGS

1878 Beginn der Gleislegung in Adelaide in Südaustralien

1891 Ankunft in Oodnadatta in Südaustralien

1929 Ankunft in Alice Springs in Zentralaustralien

2004 Ankunft in Darwin in Nordaustralien

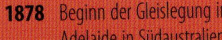

Bahnbrechend

Die ersten Bahnlinien in Städten wie Sydney und Melbourne waren nur wenige Kilometer lang. Die Bahnbauer waren deshalb sicher schockiert, als sie 1878 den Auftrag bekamen, eine Bahnlinie über Tausende von Kilometern quer über den Kontinent zu bauen. 2004, 126 Jahre nach Verlegen der ersten Gleise, erreichte der erste Ghan-Zug Darwin. Zwischen Startpunkt und Ziel liegen 2979 km.

Der Zug wurde zunächst Afghan Express genannt. Später hieß er Ghan Express, dann nur noch Ghan.

HA! JETZT BIN ICH AM ZUG.

Termitenterror

Die hölzernen Bahnschwellen der alten Ghan-Linie erstreckten sich über viele hundert Kilometer. Es gab nur ein kleines Problem, besser gesagt unzählige kleine Probleme – Termiten. Sie schlugen sich mit dem Holz der Schwellen die Bäuche voll. Zum Glück wurden 1980 Schwellen aus Beton eingeführt. Magere Zeiten für Termiten!

Darwin

—— heutige Route
------ alte Route

Alice Springs

Oodnadatta

Adelaide

GUT, DASS DER ZUG HEUTE NUR NOCH SELTEN LIEGENBLEIBT!

Verfluchte Fluten

Sturzfluten spülten häufig Teile der alten Ghan-Linie weg. Einmal saß der Zug zwei Wochen lang fest. Angeblich soll der Zugführer damals für seine hungrigen Passagiere wilde Ziegen erlegt haben. Überflutungen konnten eine zweitägige Reise von Adelaide nach Alice Springs in einen Zweiwochentrip verwandeln. Deshalb verspotteten die Leute den alten Ghan oft als «den Zug, den man zu Fuß überholen kann».

WAS NOCH?

Kamele in Australien ☆ alpaka-universum.de/das-kamel-in-australien.xhtml

WEG INS UNGEWISSE

1860 begann ein waghalsiger Wettlauf: Wer würde Australien zuerst von Süd nach Nord durchqueren? Und wem würde es gelingen, die Geheimnisse der großen australischen Wüste zu lüften? Die durch den Goldrausch reich gewordene Kolonie Victoria finanzierte eine riskante Kamelexpedition mit dem einfallslosen Namen „Victorian Exploring Expedition". Zum Leiter wurde der eigensinnige Ire Burke gemacht – wie sich schnell zeigte, keine glückliche Wahl!

> Die Vorräte der Expedition umfassten 270 Liter Rum – für die Kamele!

> IHR KÖNNT MIR GLEICH ALLE DEN BUCKEL RUNTER RUTSCHEN!

> ICH WERDE AUSTRALIEN DURCHQUEREN, UND WENN ICH DABEI DRAUFGEHE!

> WIE GEHT MAN MIT EINEM KAMEL UM?

> KEINE AHNUNG!

1 DIE ANFÜHRER

Die Expedition hatte anfangs viele Teilnehmer. Einige waren aber nicht lange dabei, denn Burke feuerte gerne Leute, die ihm auf die Nerven gingen.

Robert O'Hara Burke

Expeditionsleiter
Burke hatte keine Erfahrung mit Forschungsreisen. Es hieß, er könnte «selbst am hellichten Tag nicht Nord von Süd unterscheiden».

John Wills

Stellvertretender Leiter
Wills war ein Landvermesser (zum Glück mit gutem Orientierungssinn). Sein Fehler war es, auf Burkes zweifelhafte Führungsqualitäten zu vertrauen.

John King

Kamelführer
King wurde als Kamelführer eingestellt, obwohl er keine Ahnung von Kamelen hatte.

Hinweg

Rückweg

FLINDERS RIVER

CORELLA CREEK

KING CREEK

COOPER CREEK

SWAN HILL

MELBOURNE

4. Begraben
Burke, Wills und King fanden einen Baum mit dem Hinweis «Grabt!». Unter dem Baum lagen Vorräte verbuddelt. Aber sie reichten nicht, um die Männer nach Hause zu bringen. Burke und Wills starben kurz darauf, und der letzte Überlebende, King, erholte sich nie mehr von den Strapazen.

3. Zu spät
Die vier Männer erreichten fast ihr Ziel. Nur dichte Mangroven verhinderten ihren Vorstoß zur Küste. Erschöpft und ausgehungert, stolperten nur drei Überlebende zurück zum Lager am Cooper Creek und stellten fest, dass der Rest der Expedition das Lager am Morgen aufgegeben hatte!

2. Schlangenimbiss
Vom Cooper Creek machten sich Burke, Wills, King und ein weiterer Mann auf den Weg zur Nordküste – hin und zurück etwa 1500 km! Das Essen wurde knapp, und Burke bekam Durchfall, nachdem er eine Schlange gegessen hatte.

1. Kamelchaos
Die Verabschiedung der Expedition in Melbourne verlief chaotisch. Ein wild gewordenes Kamel raste durch die Menge, schubste eine Frau vom Pferd und brach ihr das Bein.

WAS NOCH?

Mehr über Burke ✶ www.nationalgeographic.de/entdecker/robert-o-hara-burke

REGISTER

FÜR ELTERN VERBOTEN!
AUSTRALIEN
Der cool verrückte Reiseführer

Deutsche Ausgabe veröffentlicht von NATIONAL GEOGRAPHIC
Deutschland (G+J/RBA GmbH & Co KG), Hamburg 2013

Produktion der deutschen Ausgabe:
Bintang Buchservice GmbH, www.bintang-berlin.de
Katharina Grimm, Jessika Zollickhofer, Übersetzung
Oliver Kiesow, Lektorat

Umschlaggestaltung:
www.anjagrimmgestaltung.de (Gestaltung)
www.stephanengelke.de (Beratung)

Bildnachweis

Abkürzungen lo= links oben; lom=linke obere Mitte; om=oben Mitte;
rom=rechte obere Mitte; ro= rechts oben; lm=linke Mitte; m=Mitte;
rm=rechte Mitte; lu=links unten; lum=linke untere Mitte; um=unten Mitte;
rum=rechte untere Mitte; ru=rechts unten; hg = Hintergrund.

4rm, 8um, 10ro, 11lum, 18um, 19om, 24lm, 47ru, 48rm, 50lm, 68rm, 72-73om, 74lu,
78-79om, 80lu, 81om, 88om, 89lm **Alamy;** 45ro **AP Photo/Mark Pardew;** 60lo
Auscape International; 9lu, 16-17om, 28-29m, 30-31m, 38-39om, 48um,
49lm, 59lum, 71m, 73lm **Corbis;** 11lm, 12lu, 25um, ru, 27m, 39rum, rum, 40lm, 41um,
lum, lom, 57lu, 59lo, 71om, 77ru, 80ru, ro, 90m 94lum, 95rum **Dreamstime;** 83lm
The Eureka Centre, Ballarat; 9om, 16lu, 17um, 22um, 31um, m, 34r, 45lom, 47m, lm,
ro, 50rm, ro, 51m, om, 54lu, 54-55om, 59ru, 69lo, 75lu, 79rm, 81lu, 84lu, 86lu, rm, 87lm,
rm, om **Getty Images;** 2rm, 2-3um, 3lum, rum, om, 8-9m, 9ru, m, 11rum, hg, 12b,
lm, rm, 13m, r, 14lu, 14-15hg, 16m, lm, 18m, 19um, 21um, 23um, m, 24rm, 25m, 26lu,
27rm, om, om, 28lu, ru, m, 28-29om, 29um, lm, om, rom, ro, 30um, 31ro, 32um, 33um,
34lu, 35um, hg, ru, rm, 36lu, lm, 37um, 38um, m, ro, 38-39hg, 39m, lm, om, 40-41m,
41rm, 42um, um, m, 43um, rum, ru, rm, r, rom, 44m, 44-45b, om, 45ru, m, rm, 47ru,
om, 48-49t, 50ru, m, 51um, 52m, 53lo, 55rm, 57rum, 58ro, 58-59m, 59lom, ro, 60um,
62lo, 63ru, lm, om, ro, 64m, 67m, 71rm, 72lm, 73ro, 74um, ru, 77rm, r, lo, 78lm, 79lu,
81rum, rom, 83ru, rm, 85rum, rm, 86-87hg, 89um, lu, ru, rm, 90b, 90-91om, 91ru, m,
rm, 92om, lo, 94lu, ru, ru, 95um, um, ru, om, lom und alle Mehrfachabbildungen
iStockphoto.com; 2lu, 10m, 12-13ro, 13lm, 20ro, 20-21m, om, 21lm, rm, 24um,
24-25ro, 35lm, 39rm, ro, 45lum, 49lu, om, 52um, lm, 54rm, 57lm, 60-61om, 61um, ru,
lm, ro, 64ru, 64-65ro, 65um, 66lu, 69um, 74-75om, 75rm, 82ru, lm, 84-85m, 90um,
90-91om, 91om **Lonely Planet;** 69om **Museum Victoria;** 46-47lo **NHPA/Photoshot;**
3rm, 9um, 10um, 11rm, om, 12m, om, 13rm, 15ro, 18lm, 19rom, 20m, 23ru, m, rm, ro,
26ru, m, 27um, um, hg, 28lm, 30ru, 37rum, lm, rom, 38ru, 41om, 42lm, 48lm, 48-49hg,
49m, rom, 55m, 58rm, 59rm, om, 60m, 63m, 64om, 67rm, 70ro, 72um, 73rm, 77om,
79um, lm, 85lum, om, 88ru, 94um, um, rom, 95lu, lu, rom, lo **Shutterstock.**

Australian War Memorial 76ro J06392; **National Archives of Australia** 9rm A6180,
23/8/74/3; 69ro A9626, 162; 70m A6135, K12/1/77/28; **National Library of Australia**
12m F. Werner, vn3700377; om Anon, an23259464; 14om Geoffrey Ingleton,
an6153054; 14-15m John Allcot, an7891482; 15um E.W. Searle, an23796165; 42lm
Henry Macbeth-Raeburn, an9846228; 42-43om V. Woodthorpe, an7896980; 49rum
Anon, an21971935; 56lu Fred Hardie, vn4557471; 57um Vandyck Studio, ms9065-5;
rom Anon, an22199070; 68lu Charles Alfred Woolley, an23795214; 70ro John Flynn,
an24680767; 82ro Paul Henrion, an7095172; 92m J.C. Armytage & Nicholas Chevalier,
an7372844; **Mitchell Library, State Library of NSW** 62ru PXE 787/no.20; 63lo Home
and Away – 12036; 84m Australian Photographic Agency. [d7_03870]; **State Library
of Queensland** 71lm neg no. 166304; 92lu image no. 7871-0001-0036; **Pictures
Collection, State Library of Victoria** 18-19m A/S03/07/80/14; 26rm H42641/4; ro
H91.94; 29rum H99.201/514; 31ru H2000.200/1833; 36rm H13188/verso; om IAN18/
06/70/116; 37rm H19984; rom H96.160/70; 52rm IAN24/09/64/1; 64lu H99.201/2518,
m IAM25/08/62/145; 67ro H2010.18/62; 78um H91.160/287; 82-83m H81.23/9;
90lm H2002.199/963; 92um H5412, ro H90.90/12; **State Library of Western
Australia** 68m 226017PD.

Umschlagillustrationen **Chris Corr.**

17rum, rom, 94ro **Thomas Bayley/The Art Agency;** 1ru, 4-5lm, 6-7m, 7um,
93lo, m, rm, um, hg, 94om **Chris Corr;** 66-67m **Rob Davis/The Art Agency;**
58lu **Alan Ewart;** 76-77m **Geri Ford/The Art Agency;** 16rm **Mick Posen/
The Art Agency;** 32-33m, 33rm, 53m **Dave Smith/The Art Agency.**

Alle Illustrationen und Karten © 2012 Weldon Owen Publishing

Herstellung:
G+J Druckzentrale
Heiko Belitz (Ltg.), Thomas Oehmke

Druck: Hang Tai Printing Company

ISBN 978-3-86690-349-4

Printed in China